Daniel & Herbert Hintner

Richtig gut vegetarisch

Daniel & Herbert Hintner

Richtig gut vegetarisch

Mit Fotos von Frieder Blickle

Folio Verlag

Inhalt

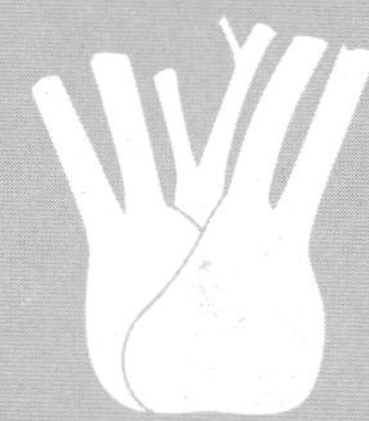

Süße Früchte

Eingelegtes

Dips/Saucen

Grundrezepte

Vorwort

Der Genussmensch entscheidet

Seit einigen Jahren bemerken wir bei den Gästen unseres Sternerestaurants einen Bewusstseinswandel: Immer mehr von ihnen verzichten ganz oder zumindest teilweise auf Fleisch bzw. auf tierische Produkte, egal ob aus gesundheitlichen oder moralischen Gründen. Sie sind häufig keine erklärten oder strengen Vegetarier, eher Menschen, die ein vegetarisches Gericht schlicht interessanter, überraschender und bekömmlicher finden.
Wir wenden uns mit diesem Buch auch an die große Gruppe der Flexitarier bzw. pragmatischen Vegetarier. Das Umdenken bei unseren Gästen war ein wichtiger Impuls, der in letzter Zeit zu einem Wandel in unserer Küche geführt hat. Es zeigt, dass jede und jeder von uns vermeintlich Unumstößliches mit verändern kann.

Was uns guttut

Der zweite Grund ist ein persönlicher und betrifft vor allem einen von uns beiden. Ich, Herbert, hatte ein durchaus veritables gesundheitliches Problem. In der Folge habe ich die Erfahrung gemacht, dass für mich eine weitgehend fleischlose Küche schlicht besser ist, dass mein Körper vegetarische Speisen „besser lesen kann" und sie mich weniger belasten. Dadurch haben sich meine Ernährungsgewohnheiten stark an jene meiner Kindheit in einem bäuerlich geprägten Tal angenähert: Wenn wir einmal vom in Südtirols Tradition stark verankerten Energielieferanten Speck absehen, gab es Fleisch früher meist nur als Sonn- oder Feiertagsbraten, weil es schlicht zu teuer, zu wertvoll war.

Aus dem Vollen schöpfen

Der dritte Grund, vermehrt vegetarisch zu kochen, hat für uns mit der Verfügbarkeit von entsprechenden Produkten zu tun. Es gibt mittlerweile eine Vielfalt auf den Bauernmärkten (wir beziehen uns auf Südtirol), wie sie noch vor wenigen Jahren nicht vorstellbar war: Rucola, Bärlauch, Puntarelle, Sauerklee, Morcheln, Kapuzinerkresse, Blutsauerampfer, gelbe und weiße Rohnen, Radieschensprossen, Kräuterseitlinge und Shiitakepilze, Koriander, Pastinaken, Knollenziest, Schwarzkohl und, und, und. Sie merken, da tut sich ein Universum auf, ein Spielplatz der Kreativität und der unbegrenzten Möglichkeiten, verschiedene Gemüsesorten zu kombinieren und die Sinne zu stimulieren: mit Gerüchen, Farben, unterschiedlichen Texturen – ob fest, weich oder kross – und überraschenden Geschmackserlebnissen. Es ist eine Klaviatur, die man mit Fleischgerichten nie so vielfältig bespielen könnte. Auch darauf haben sich die Gäste eingelassen und zugleich abgewandt von Produkten aus Massentierhaltung, die vielfach unter Schmerzen produziert werden. Die Gäste wollen geschmacklich überrascht werden und sie bestellen vielfach mit weit höherer kulinarischer Kompetenz als noch vor ein paar Jahren. Es gibt auch ein zunehmendes Bewusstsein und Verständnis dafür, was gerade Saison hat und was nicht, welches Produkt unverhältnismäßig weite Transportwege hinter sich hat und nicht in unseren Breiten wächst.

Orientierungspunkt Bauernmarkt

Unser kulinarischer Kompass in diesem Buch sind die Jahreszeiten und das, was der Bauernmarkt jeweils hergibt: Überhaupt zeigt Ihnen der Bauernmarkt in der jeweiligen Nähe ganz selbstverständlich, was gerade in Vollreife steht und damit am besten schmeckt. Selbst in einem so kleinen Gebiet wie Südtirol haben aufgrund der unterschiedlichen Höhenlagen Produkte zu unterschiedlichen Zeiten Saison: Wenn im Martelltal auf 1700 m die Erdbeeren reifen, sind sie unten im Tal längst abgeerntet – ganz zu schweigen von der Differenz zwischen Burgenland, Baden oder Schleswig-Holstein. Deshalb bieten die jahreszeitlichen Angaben bei den einzelnen Rezepten nur eine grobe Orientierung, die sich primär auf unsere Heimatregion Südtirol bezieht.

Regional verankert

Indem wir in unserer Küche möglichst viele regionale Produkte verwenden, wollen wir unterstreichen, dass wir uns mit unserer Heimat verbunden fühlen und die hiesige Landwirtschaft unterstützen wollen. Entscheidend ist aber, dass ein vollreif geernteter Pfirsich aus dem Nachbardorf schlicht besser schmeckt als einer, der um den halben Globus gekarrt wurde und hier zur Unzeit ankommt.

Dass gute vegetarische Küche stets aus der regionalen Verankerung schöpft, wollen wir auch sprachlich unterstreichen: Wir verwenden in diesem Buch bewusst die in Südtirol gebräuchlichen Sprachvarianten: Peperoni (Paprika), Rohnen (Rote Bete), Karfiol (Blumenkohl), Kren (Meerrettich) – ergänzt um die sogenannten standardsprachlichen Bezeichnungen dieser Produkte. Und weil wir das Geschlecht des italienischen Originals kennen, ist es uns in Südtirol auch im Deutschen vertrauter und so sagen und schreiben wir anders als nördlich des Brenners der Pesto, die Ricotta, die Rucola und die Mozzarella.

Apropos Käse

Bei den in den nachfolgenden Rezepten angeführten Käsesorten empfehlen wir darauf zu achten, dass sie mithilfe von mikrobiellem Lab hergestellt wurden. Das sollte in allen Fällen weder in Südtirol noch andernorts eine unüberwindliche Hürde darstellen. Anstelle des mit tierischem Lab hergestellten Parmesans empfehlen wir Gran Kinara.

Sich treu bleiben

Auch wenn wir beide keine Vegetarier sind, achten wir sowohl im Restaurant als auch privat darauf, Fleisch von regionalen Produzenten und aus artgerechter Tierhaltung zu verarbeiten. In der Gastronomie ist das nicht immer einfach und wirtschaftlich machbar. Gerade in touristischen Regionen wie Südtirol ist der Bedarf in den unzähligen Hotels, Restaurants und Almhütten nicht allein mit regionalen Produkten zu decken. Abgesehen davon ergibt sich auf der anderen Seite ein weiteres Dilemma: Auch in der konventionellen Produktion von Gemüse und Obst kommen Mittel zum Einsatz, denen unzählige Insekten oder Mäuse zum Opfer fallen. Wenn man es ernst meint, ist es in der Küche mitunter ein Segeln zwischen Skylla und Charybdis. Das darf uns aber nicht entmutigen, beharrlich unser Ideal anzusteuern und uns treu zu bleiben.

In diesem Sinne wünschen wir Ihnen mit diesem Buch überraschende Genussmomente und Freude!

Daniel und Herbert Hintner

Rucolino

April bis
Oktober

Zutaten
1 mittelgroßer Apfel (z. B. Granny Smith oder Kanzi)
120 g Rucola
200 g Wasser
50 g Zucker
½ Zitrone, Saft
100 g Petersilienblätter, fein geschnitten
4 Apfelspalten (Kanzi)
4 Rucolablätter

Zubereitung

Den Apfel waschen, schälen, entkernen und in grobe Würfel schneiden. Mit Rucola, Wasser, Zucker, Zitronensaft und Petersilie im Mixer fein pürieren. Durch ein Haarsieb seihen, in Gläser füllen und mit Apfelspalten und Rucolablättern garnieren. Sofort servieren.

Tipps

Am besten schmeckt der Rucolino eisgekühlt.
Die Rucola können Sie auch durch Zitronenmelisse oder Sauerampfer ersetzen.

Nicht nur Frucht-, sondern auch Gemüsesäfte können ein Menü bereichern – der Rucolino ist ein alter Klassiker meines Vaters. Ich habe ihn schon als Zwölfjähriger gemacht, wenn ich in unserer Küche ausgeholfen habe. Heute ergänze ich das Rezept um einen Apfel. Der leicht scharfe Geschmack von Rucola setzt einen angenehmen frischen Akzent am Anfang eines Menüs. Durch die Zugabe von Spirituosen wird daraus ein kreativer Aperitif oder Willkommenstrunk. (D. H.)

Willkommenstrunk

Artischocke

Mit Spinat gefüllte Artischockenherzen auf Käsefonduta

November bis April

Zutaten
8 Artischocken
Salz
30 mittelgroße Spinatblätter
100 g geschmorte Zwiebeln (siehe Seite 208)
1 TL Knoblauchöl (siehe Seite 209)
Olivenöl
Gran Kinara, gerieben (oder andere Parmesan-Alternative)
500 g Sahne
200 g gereifter Bergkäse, gerieben
30 g Mandelblättchen
etwas Babyspinat

Zubereitung

Von den Artischocken die äußeren Blätter großzügig entfernen, die Stiele und das obere Drittel abschneiden.
Die Artischockenböden mit einem Parisienne-Ausstecher oder Löffel vom Heu befreien und außen vorsichtig schälen.
In Salzwasser etwa 7 Minuten (je nach Größe) bissfest garen.
Den Spinat waschen, kurz in Salzwasser blanchieren und in Eiswasser abschrecken. Auf Küchenpapier abtropfen lassen.
Die Spinatblätter auf einem Brett dachziegelartig auslegen.
Mit geschmorten Zwiebeln bestreichen und mit Knoblauchöl beträufeln. Wie eine Roulade aufrollen und mit einem scharfen Messer in etwas dickere Scheiben schneiden. Die Artischockenböden mit dem Spinat füllen, mit Olivenöl beträufeln und mit Gran Kinara bestreuen. Bei 80 Grad im Backofen warm halten.
Die Sahne zum Kochen bringen. Den geriebenen Bergkäse einrühren und bei mittlerer Hitze etwa 5 Minuten köcheln lassen.

Fertigstellung

Die Käsefonduta in die Mitte der Teller geben. Jeweils zwei gefüllte Artischocken daraufsetzen und mit Mandelblättchen und Babyspinat garnieren.

Artischockensalat mit Apfel-Senfsaat-Dressing

November
bis April

Zutaten
30 g Senfsaat
150 g Apfelsaft
120 g Äpfel (z. B. Lederer)
1 Zitrone, Saft
4 große Artischocken
5 EL Olivenöl
Salz
Petersilie, fein geschnitten
Gran Kinara, gehobelt
(oder andere Parmesan-Alternative)

Zubereitung

Die Senfsaat in reichlich Wasser 30 Minuten kochen und abseihen. Zusammen mit dem Apfelsaft in einen Topf geben und die Flüssigkeit einkochen lassen. Die Äpfel waschen, entkernen und in feine Würfel schneiden. Die Apfelwürfel mit etwas Zitronensaft beträufeln und mit der Senfsaat vermischen.
Von den Artischocken die äußeren Blätter entfernen und das obere Drittel abschneiden. Mit einem Parisienne-Ausstecher das Heu entfernen und die Artischocken mit der Aufschnittmaschine in hauchdünne Scheiben schneiden. Den restlichen Zitronensaft mit Olivenöl und Salz verrühren und die Artischocken damit beträufeln.

Fertigstellung

Die marinierten Artischocken mit dem Apfel-Senfsaat-Dressing vermischen und in Schälchen oder auf Tellern anrichten. Mit Petersilie und Gran Kinara garnieren.

Tipp

Lederer Äpfel sind eine alte Herbstapfelsorte mit festem, süß-säuerlichem Fruchtfleisch. Falls Sie diese nicht bekommen, verwenden Sie eine andere süß-saure Apfelsorte, z. B. Cox Orange, Boskop oder Ananasrenette.

Kräuterrisotto mit gefüllter Artischocke

November bis April

Zutaten
280 g Risottoreis (z. B. Carnaroli)
Olivenöl
1 l Gemüsefond (siehe Seite 208)
40 g Gran Kinara, gerieben (oder andere Parmesan-Alternative)
60 g kalte Butter
Salz
4 Artischocken
200 g Zwiebeln, in dünne Streifen geschnitten
120 g Bergkäse, in Würfel geschnitten
Kräuter (Basilikum, Thymian, Petersilie, Minze, Rosmarin und Majoran)

Zubereitung

Den Reis mit etwas Olivenöl anschwitzen und mit so viel Gemüsefond aufgießen, dass er bedeckt ist. Unter ständigem Rühren 12–14 Minuten kochen lassen, dabei immer wieder Gemüsefond angießen. Vom Herd nehmen und den Risotto mit Gran Kinara und Butter binden. Mit Salz abschmecken. Die äußeren Blätter von den Artischocken großzügig entfernen, das obere Drittel und den Stiel abschneiden. Das Heu mit einem Löffel herauskratzen und die Artischockenherzen in Salzwasser bissfest garen. Die Zwiebelstreifen in Olivenöl auf mittlerer Flamme weich dünsten und salzen. Jedes Artischockenherz mit Zwiebeln und Käse füllen. Im vorgeheizten Backofen bei 160 Grad gratinieren.

Fertigstellung

Den Risotto auf die Teller verteilen und die Artischocken darauf anrichten. Mit Kräutern garnieren.

Bergartischocke

Diese mediterrane Kulturpflanze hat ihre beste Zeit zwischen November und März/April – da wird sie in Süditalien geerntet. Sie hat aber eine kleine, bergtaugliche Schwester, mit der Artischockenliebhaber die Genusssaison verlängern können – und wird auch zunehmend in Südtirol angebaut: Die feste, schmackhafte und kompaktere Bergartischocke wird hier vorwiegend im August und September geerntet, allerdings ist sie wirtschaftlich betrachtet nicht ganz pflegeleicht, weil sie bei entsprechender Wetterlage im Handumdrehen blühen kann und dann nicht mehr für die Küche taugt.

Mit Bergkäse gefüllte Bärlauchknödel auf Eisbergsalat

Februar bis März

Zutaten
200 g Weißbrot (vom Vortag)
2 EL Mehl
200 g Bärlauch
100 g Milch
3 Eier
Salz
120 g Bergkäse

Zum Anrichten
100 g Butter
1 mittelgroßer Eisbergsalat
12 kleine Bärlauchblätter
50 g Gran Kinara, gerieben (oder andere Parmesan-Alternative)
Schnittlauch, fein geschnitten

Zubereitung

Das Weißbrot in mittelgroße Würfel schneiden, in eine große Schüssel geben und mit Mehl bestäuben. Den Bärlauch waschen, entstielen und zusammen mit Milch und Eiern im Mixer fein pürieren. Über die Brotwürfel gießen, mit Salz würzen und alles gut vermengen. Die Knödelmasse 10 Minuten ruhen lassen.
Den Bergkäse in Würfel schneiden. Aus der Masse mit feuchten Händen gleich große Knödel formen. In jeden Knödel eine Mulde drücken und mit einem Käsewürfel füllen. Die Knödel wieder verschließen und rund drehen.

Fertigstellung

Die Knödel in kochendes Salzwasser geben und 15 Minuten garen. Die Butter in einem Topf aufschäumen. Den Strunk vom Eisbergsalat herausschneiden, die inneren Blätter waschen, trocken schleudern und in mundgerechte Stücke zupfen. Auf jeden Teller etwas Eisbergsalat geben und einen Knödel darauf anrichten. Auf der anderen Seite des Tellers die Bärlauchblätter fächerförmig auslegen und jeweils einen halbierten Knödel daraufsetzen. Mit Gran Kinara bestreuen und mit Butter beträufeln. Mit Schnittlauch garniert servieren.

Tipp

Den restlichen Eisbergsalat können Sie für ein anderes Gericht verwenden.

Als junger Koch kannte ich Bärlauch nur vom Hörensagen – in der Südtiroler Küche spielte er lange keine Rolle, das Wissen um die wenigen Orte, wo er in Südtirol wild gedeiht, wird gehütet wie jenes von Pilzplätzen –, bis mir ein befreundeter Gastronom vor Jahren eine Kiste vorbeibrachte, aus der der unverkennbare Geruch von Knoblauch aufstieg. Da im Pustertal und seinen Seitentälern, wo ich herstamme, vor allem Kartoffeln angebaut werden, habe ich damals gleich eine Bärlauchfüllung für Kartoffelknödel gemacht. Hier empfehle ich eine Variante des klassischen Tiroler Knödels. (H. H.)

Mit geräucherter Ricotta gefüllte Puntarelle im Tempuramantel

Februar bis April

Zutaten
100 g Tempuramehl
150 g eiskaltes Wasser
Salz
200 g geräucherte Ricotta
1 großer Kopf Puntarelle
Sonnenblumenöl
Salatvinaigrette (siehe Seite 208)
Kloaznmehl
Blattspitzen von den inneren Puntarelle-Blättern

Zubereitung

Tempuramehl und Wasser in einer Schüssel gut verrühren, salzen und die Schüssel auf Eiswürfel kalt stellen. Die geräucherte Ricotta durch ein Haarsieb streichen, glatt rühren und in einen Spritzbeutel füllen. Die äußeren Blätter der Puntarelle entfernen, die inneren Triebe vorsichtig abschneiden. Waschen und trocken tupfen. 24 Triebe mit der geräucherten Ricotta füllen, die restlichen Puntarelle in dünne Scheiben schneiden und in Eiswasser legen. Die gefüllten Puntarelle durch den Tempurateig ziehen und im 160 Grad heißen Sonnenblumenöl 3–4 Minuten frittieren. Herausnehmen und auf Küchenpapier entfetten lassen.
Mit Salz würzen.

Fertigstellung

Die frittierten Puntarelle auf Teller geben und mit Vinaigrette beträufeln. Mit den in Scheiben geschnittenen Puntarelle sowie Kloazenmehl bestreuen und mit Blattspitzen garnieren.

Tipps

Puntarelle sind mit Löwenzahn und Chicorée verwandt.
Im Gegensatz zu diesen werden aber vor allem die inneren hohlen Triebe der Blütenknospen zubereitet. Sie enthalten weniger Bitterstoffe als die Blätter. Puntarelle werden wegen ihres Aussehens auch Vulkanspargel genannt.
Wenn Sie kein Kloazenmehl bekommen, können Sie es durch Zimt oder Erdmandelmehl ersetzen.

Spargel

Gebackener Spargel mit Bozner Sauce

März bis Juni

Zutaten
12 Stangen Terlaner Spargel*
10 Bio-Eier
15 g Schnittlauch, fein geschnitten
2 EL Apfelessig
4 EL Olivenöl
Salz
Mehl
Semmel- oder Panko-Brösel
Sonnenblumenöl
Feldsalat
4 EL Salatvinaigrette (siehe Seite 208)

Zubereitung

Den Spargel schälen, die holzigen Enden abschneiden und in Salzwasser bissfest garen. Auskühlen lassen. 8 Eier 8 Minuten kochen, schälen und fein hacken. Mit Schnittlauch, Apfelessig, Olivenöl und etwas Salz verrühren. Die restlichen Eier leicht verquirlen. Die Spargelstangen in Mehl wenden, durch das Ei ziehen und in Semmelbröseln wälzen. Im 180 Grad heißen Sonnenblumenöl frittieren. Herausnehmen und auf Küchenpapier abtropfen lassen.

Fertigstellung

Den Feldsalat gut waschen und trocken schleudern. Die Spargelstangen auf die Teller verteilen und jeweils zwei Nocken von der Bozner Sauce daneben anrichten. Mit Feldsalat garnieren und mit Vinaigrette beträufeln.

*Mittlerweile ist die Etsch streng reguliert, aber über Jahrtausende hat sie Erde und Sand angeschwemmt und rund um Kastelbell, bei Terlan und bei Tramin den Boden für den Spargelanbau bereitet. In Terlan hat man es damit schon vor dem Zweiten Weltkrieg versucht. In den letzten Jahrzehnten wurden veredelte Sorten gepflanzt, die unter dem Namen Margarete erfolgreich vermarktet werden und die man sich rund um Ostern bis Mai nicht entgehen lassen sollte. Der Spargel ist übrigens eines der wenigen Gemüse, bei dem die meisten Menschen die Saisonalität akzeptieren und es nicht ganzjährig essen wollen.

Spargelmousse mit Spargelsalat, Erbsen und Schwarzplentchips

März bis Juni

Für die Schwarzplentchips
100 g Hartweizengrieß (Semola di Grano duro)
50 g grobes Buchweizenmehl (Schwarzplent)
2 g Salz
80 g Wasser
20 g Fleur de Sel

Für den Spargelsalat
12 Stangen weißer Spargel
Salz
2 EL Apfelessig
Olivenöl
20 Basilikumblätter

Für die Spargelmousse
40 g Zwiebeln, in kleine Würfel geschnitten
1 Lorbeerblatt
Olivenöl
50 g Weißwein
250 g Wasser
Salz
3 g Agar-Agar
75 g Sahne
40 g Sauerrahm

Zum Anrichten
200 g frische Erbsen
Erbsensprossen
Friséesalat
4 EL Salatvinaigrette

Zubereitung

Beide Mehlsorten vermengen und mit Salz und Wasser zu einem glatten Teig verkneten. In Klarsichtfolie wickeln und 1 Stunde ruhen lassen. Den Teig dünn ausrollen und auf ein mit Backpapier ausgelegtes Backblech legen. Mit Fleur de Sel bestreuen und im vorgeheizten Backofen bei 160 Grad 10 Minuten backen. Auskühlen lassen und in kleine Stücke brechen.

Die Spargelstangen schälen und das untere Ende abschneiden. Die Abschnitte für die Spargelmousse beiseitestellen. Die Spargelstangen 15 Minuten in Salzwasser kochen, in Eiswasser abschrecken und in eine Schüssel geben. Das Spargelkochwasser etwas abkühlen lassen und über die Spargelstangen gießen, sodass diese knapp bedeckt sind. Apfelessig, Olivenöl und Basilikum dazugeben und alles etwa 20 Minuten marinieren lassen.

Von den Spargelabschnitten 100 g klein schneiden.

Mit den Zwiebelwürfeln und dem Lorbeerblatt in Olivenöl anschwitzen. Mit Weißwein ablöschen und die Flüssigkeit einkochen lassen. Das Wasser dazugeben, mit Salz würzen und etwa 30 Minuten köcheln lassen. Lorbeerblatt entfernen. Alles im Mixer pürieren und durch ein Haarsieb streichen.

100 g Spargelpüree mit dem Sauerrahm vermischen, erwärmen und Agar-Agar mit einem Schneebesen einrühren.

Mit Salz würzen und 1 Minute köcheln lassen. In eine Metallschüssel füllen und im Kühlschrank fest werden lassen.

Die Masse mit einem Schneebesen glatt rühren und die geschlagene Sahne vorsichtig unterheben.

Fertigstellung

Die Erbsen kurz in Salzwasser blanchieren und in Eiswasser abschrecken. Die marinierten Spargelstangen in Stücke schneiden und so auf die Teller verteilen, dass sie aufrecht stehen. Aus der Spargelmousse mithilfe eines kleinen Löffels Nocken formen und auf die Teller geben. Mit Schwarzplentchips, Erbsen, Erbsensprossen und Friséesalat garnieren. Mit Salatvinaigrette beträufeln.

Marinierter grüner Spargel mit Kren-Buttermilch-Pannacotta

März bis Juni

Zutaten
12 Stangen grüner Spargel
Salz
2 EL Apfelessig
Olivenöl
20 Basilikumblätter
200 g Buttermilch
10 g Kren (Meerrettich), frisch gerieben
2 g Agar-Agar

Zum Anrichten
Bio-Orangenschale, gerieben
Gran Kinara, gerieben (oder andere Parmesan-Alternative)
Kerbel
Friséesalat
4 EL Salatvinaigrette (siehe Seite 208)

Zubereitung

Die unteren Enden der Spargelstangen etwa 2 cm schälen, holzige Stellen vorher abschneiden. Die Spargelstangen etwa 10 Minuten in Salzwasser kochen, in Eiswasser abschrecken und in eine Schüssel geben. Das Spargelkochwasser etwas abkühlen lassen und über den Spargel gießen, sodass er knapp bedeckt ist. Apfelessig, Olivenöl und Basilikum dazugeben und etwa 20 Minuten marinieren lassen.
Die Buttermilch erhitzen, Kren und Salz dazugeben und Agar-Agar mit einem Schneebesen einrühren. Die Pannacotta-Masse etwa 1 Minute köcheln lassen, in ein flaches Gefäß füllen und im Kühlschrank erstarren lassen.

Fertigstellung

Die Kren-Buttermilch-Pannacotta in Würfel schneiden.
Den marinierten Spargel auf Teller verteilen, die Pannacotta daneben anrichten. Mit Orangenschale, Gran Kinara, Kerbel und Friséesalat garnieren. Mit Salatvinaigrette beträufeln.

Kartoffelrisotto mit frischen Morcheln

April bis Juni

Zutaten
120 g frische Morcheln*, ohne Stiel
800 g festkochende Kartoffeln
80 g Zwiebeln, in feine Würfel geschnitten
Olivenöl
500 g Gemüsefond (siehe Seite 208)
100 g Gran Kinara, gerieben (oder andere Parmesan-Alternative)
Salz
Kerbel

Zubereitung

Die Morcheln gründlich putzen und 40 g in kleine Würfel schneiden. Die restlichen Morcheln beiseitestellen. Die Kartoffeln schälen und in winzige Würfel (so groß wie ein Reiskorn) schneiden. Die Zwiebelwürfel in Olivenöl farblos anschwitzen. Die Kartoffeln dazugeben und kurz mitdünsten. Morcheln zufügen und mit so viel Gemüsefond aufgießen, dass die Kartoffeln bedeckt sind. Untere ständigem Rühren 5–7 Minuten garen, bis die Kartoffelwürfel bissfest sind. Den geriebenen Gran Kinara unterrühren und mit Salz würzen. Die restlichen Morcheln bei mittlerer Hitze 3–4 Minuten in Olivenöl anbraten und salzen.

Fertigstellung

Den Kartoffelrisotto auf die Teller verteilen und die Morcheln darauf anrichten. Mit Kerbel garnieren.

Tipps

Morcheln sind meist sehr sandig. Schütteln Sie die Pilze daher gut aus und säubern Sie die Kammern am besten mit einem langhaarigen Pinsel. Um sicherzugehen, dass sich keine Würmer, Schnecken oder andere Tierchen in den Pilzen verbergen, können Sie sie auch halbieren.
Morcheln sollten nicht roh gegessen werden, da sie ein Gift enthalten, das erst durch das Garen (mindestens 5 Minuten) oder Trocknen zerstört wird.
Falls die Kartoffeln zwar bissfest, der Risotto aber noch zu feucht ist, gießen Sie die überschüssige Kochflüssigkeit ab.

*Morcheln sind hocharomatische Frühlingsboten und wachsen in Südtirol etwa zur Zeit der Kirschblüte ab April, Mai. Sie zählen also im Jahreslauf zu den Frühaufstehern unter den Früchten aus Feld und Wald. Auf dem Teller sind sie vorzügliche vegetarische Eiweißlieferanten, außerdem wird ihnen eine stärkende Wirkung für das Immunsystem zugesprochen.

Frühlingskartoffeln mit frischen Kräutern und Zitronentopfen

April bis Juli

Zutaten
32 kleine Kartoffeln
(à 20–30 g)
640 g Topfen (Quark)
Salz
50 g geschmorte Zwiebeln
(siehe Seite 208)
2 Bio-Zitronen
Olivenöl
frische Kräuter
(z. B. Minze, Koriandergrün, Pimpinelle, Sauerklee, Zitronenthymian)

Zubereitung

Die Kartoffeln gut waschen und mit der Schale weich kochen.

Den Topfen mit Salz und den geschmorten Zwiebeln verrühren.

Die Zitronen unter heißem Wasser abwaschen und die Schale mit einer feinen Reibe so abreiben, dass die bittere weiße Haut stehen bleibt. Zitronenabrieb beiseitestellen.

Die Zitronen auspressen und den Saft mit Olivenöl und Salz verrühren.

Die Topfenmasse gleichmäßig auf die Teller verteilen und die Kartoffeln darauf anrichten. Mit Kräutern garnieren, mit Zitronendressing beträufeln und mit Zitronenabrieb bestreuen.

Kräutersalat mit gebeiztem Eigelb und Walnüssen

Mai bis Oktober

Zutaten
1 Bio-Zitrone
150 g Salz
40 g Zucker
4 Eigelb
320 g verschiedene Salate und Kräuter (z. B. Maikönig, Rucola, Senfkohl, Pimpinelle, Kapuzinerkresse, Sauerklee, Glücksklee …)
8 EL Salatvinaigrette (siehe Seite 208)
4 Walnüsse

Zubereitung

Die Zitrone unter heißem Wasser abwaschen, die Schale mit einem Zestenreißer abreiben und den Saft auspressen. Salz, Zucker, 1 Esslöffel Zitronensaft und die abgeriebene Zitronenschale vermischen. Etwa ein Drittel der Salzmischung ungefähr 2 mm hoch auf einen kleinen Teller geben. Die Eigelbe vorsichtig daraufsetzen und mit der restlichen Salzmischung bedecken. Im Kühlschrank 24 Stunden marinieren lassen. Anschließend die Eigelbe wenden und weitere 24 Stunden beizen.

Fertigstellung

Die Salate und Kräuter verlesen, waschen, trocken schleudern, gut vermengen und mit der Vinaigrette vermischen. Die Walnüsse halbieren, grob zerkleinern und dazugeben. Den Kräutersalat auf den Tellern anrichten und das gebeizte Eigelb darüberreiben.

Tipps

Achten Sie darauf, dass Sie die Eier gut trennen, damit kein Eiweiß am Eigelb klebt.
Außerdem sollten die Eigelbe mit genügend Abstand in das Salzbett gelegt werden, damit sie sich nicht berühren.
Frieren Sie die Eigelbe nach dem Beizen kurz ein, damit sie sich besser reiben lassen.

Gefüllte Zucchiniblüten auf Tomatenschnitzel

Mai bis September

Zutaten
200 g Topfen (Quark)
50 g Gran Kinara, gerieben (oder andere Parmesan-Alternative)
Salz
4 Zucchiniblüten
Mehl
2 Eier, verquirlt
Panko-Brösel
Sonnenblumenöl
2 Tomaten (z. B. Andenhorn)
1 große Ananastomate
Olivenöl
200 g Tomatensauce (siehe Seite 209)
Basilikum

Zubereitung

Den Topfen in einem Küchentuch gut ausdrücken, mit Gran Kinara und Salz abschmecken und die Masse in einen Spritzbeutel füllen. Von den Zucchiniblüten den Blütenstempel entfernen und die Blüte mit der Topfenmasse füllen.
Die gefüllten Blüten in Mehl wenden, durch verquirltes Ei ziehen und mit Panko-Bröseln panieren. Im 160 Grad heißen Sonnenblumenöl ausbacken, herausnehmen, auf Küchenpapier entfetten lassen und salzen.
Die Tomaten kurz blanchieren, abschrecken und die Haut abziehen. Die Ananastomate in 4 etwa 1 cm dicke Scheiben schneiden. In Olivenöl kurz anbraten, salzen und warm stellen. Die anderen Tomaten in mittelgroße Stücke schneiden. Mit Salz würzen und kurz in Olivenöl schwenken.
Die Tomatensauce erwärmen.

Fertigstellung

Die Tomatenscheiben auf die Teller legen und die ausgebackenen Zucchiniblüten daraufsetzen. Mit Tomaten, Tomatensauce und Basilikum garnieren.

Tipp

Wenn die Tage kürzer werden und die Sonne die Tomaten nicht mehr reifen lässt, fragt man sich unwillkürlich: Was tun mit den unreifen Früchten, die noch grün an den geschwächten Stauden hängen? Mit wenig Aufwand lässt sich daraus eine köstliche Marmelade machen, die sehr gut zu gereiftem Bergkäse passt.

Bauernmärkte, Märkte überhaupt, sind auch Orte der Begegnung, an denen Gleichgesinnte aufeinandertreffen, darunter Menschen, die sich möglichst gesund und umweltverträglich ernähren wollen und die bestenfalls auch miteinander ins Gespräch kommen: „Was kochen Sie denn Gutes mit den Zucchini und dem Karfiol?“ Zum Beispiel das folgende köstliche Zucchiniragout mit Karfiol.

PACHERA

Gebackener Karfiol auf Zucchiniragout

Mai bis November

Zutaten
2 mittelgroße Karfiolköpfe (Blumenkohlköpfe)
Mehl
1 Ei, verquirlt
Semmelbrösel
Sonnenblumenöl
4 mittelgroße Zucchini
Salz
Olivenöl
100 g geschmorte Zwiebeln (siehe Seite 208)
10 g Knoblauchöl (siehe Seite 209)
100 g Gemüsefond (siehe Seite 208)
100 g Sahne

Zubereitung

Den Karfiol putzen und in mittelgroße Röschen teilen.
Etwa 40 Röschen in Salzwasser blanchieren und in Eiswasser abschrecken. In Mehl wenden, durch das verquirlte Ei ziehen und in Semmelbröseln wälzen und in 160 Grad heißem Öl ausbacken. Herausnehmen, auf Küchenpapier entfetten lassen und warm stellen.
Die Zucchini waschen und einen Zucchino mit dem Sparschäler dünn schälen. Die Zucchinischale in feine Streifen schneiden und beiseitestellen. Die Hälfte der Zucchini in mittelgroße Würfel schneiden, salzen und in etwas Olivenöl farblos anschwitzen. Ebenfalls beiseitestellen. Die restlichen Zucchini grob zerkleinern und in Olivenöl andünsten.
Die geschmorten Zwiebeln und das Knoblauchöl zugeben und mit Gemüsefond und Sahne aufgießen. Etwa 10 Minuten köcheln lassen, mit Salz würzen und im Mixer fein pürieren.

Fertigstellung

Die Zucchinisauce auf die Teller verteilen, mit gedünsteten Zucchiniwürfeln bestreuen und den gebackenen Karfiol darauf anrichten. Mit den Zucchinistreifen garnieren.

Tipp

Den restlichen Karfiol können Sie zum Beispiel für einen Salat verwenden.

Melonensalat mit Tomaten und Basilikum

Juli bis September

Zutaten
600 g Wassermelone, geschält und entkernt
200 g Honigmelone, geschält
100 g Fleischtomate, geschält
8 Datteltomaten, geschält
100 g Zitronentomate (Plum Lemon), geschält
Schafskäse, gehobelt
Salz
griechisches und Genoveser Basilikum

Zum Anrichten
250 g Datteltomaten, geschält
50 g Olivenöl
Salz
1 Prise Zucker

Zubereitung

Die Wassermelone und die Fleischtomaten in Scheiben schneiden. Die Datteltomaten halbieren und die Zitronentomaten in Streifen schneiden. Aus der Honigmelone mit einem Parisienne-Ausstecher Kugeln ausstechen.

Fertigstellung

Die Melonen und Tomaten auf Tellern anrichten.
Die geschälten Datteltomaten durch ein feines Sieb passieren und mit Olivenöl, Zucker und Salz abschmecken. Über den Salat träufeln und mit Basilikum und Käsespänen garnieren.

Tipp

Die Melonen und Tomaten sollten nicht zu kalt sein und etwa die gleiche Temperatur haben, so kommt ihr Geschmack am besten zur Geltung.

Es war einer jener Sommertage, an denen das Thermometer in unserer Restaurantküche auf über 40 Grad klettert und man nach etwas Kühlem, Saftigem lechzt: Da schnappte ich mir nacheinander ein Stück Wassermelone und ein Stück Tomate in bester Reife und merkte erstmals, wie gut die beiden harmonieren. Noch am selben Abend haben wir unseren Gästen die Kombination als Gruß aus der Küche angeboten, ergänzt um eine Zuckermelone, um einen zusätzlichen Farbakzent zum Rot zu setzen. (H. H.)

Kohlrabi-Carpaccio mit Sauerrahm und schwarzen Trüffeln

April bis November

Zutaten
2 mittelgroße Kohlrabi
Salz
80 g Sauerrahm
60 g schwarze Trüffeln*, gehobelt
Olivenöl

Zubereitung

Die Kohlrabi schälen und mit dem Gemüsehobel in ungefähr 40 dünne Scheiben schneiden, in Salzwasser blanchieren und in Eiswasser abschrecken. Auf Küchenpapier abtropfen lassen. Den Sauerrahm mit dem Schneebesen steif schlagen und mit Salz abschmecken.

Fertigstellung

Mit einem Löffel kleine Sauerrahmtupfen auf die Teller setzen und die Kohlrabischeiben darauf anrichten. Mit Trüffeln garnieren und mit Olivenöl beträufeln.

*Schwarzer Trüffel ist etwas weniger wertvoll als der weiße und damit erschwinglicher. Wenn Sie beim Kauf einen Anflug von Ammoniak wahrnehmen, dann lassen Sie die Hände davon! Die besten Trüffeln können sich in der Regel jene Händler und Gastronomen sichern, die vorauszahlen, also dem Trüffelsucher eine Kaufgarantie geben. Sie bekommen die größten und besten Stücke dieses hochpreisigen Produkts.

Gebackene Kohlrabi-Ravioli mit Kartoffelfüllung und mariniertem Rettich

April bis November

Zutaten
1 roter Rettich
1 weißer Rettich
200 g Wasser
5 EL Apfelessig
Zucker
Salz
3 mittelgroße mehlige Kartoffeln
Olivenöl
1 großer Kohlrabi
Mehl
1 Ei, verquirlt
Semmel- oder Panko-Brösel
Sonnenblumenöl
junge Blattsalate oder Kräuter (z. B. Amaranth, Eichblatt, Blutsauerampfer)

Zubereitung

Die Rettiche waschen und schälen. Getrennt in dünne Scheiben, Streifen oder Spalten schneiden und in Twist-off-Gläser geben. Das Wasser mit Apfelessig, Zucker und Salz aufkochen. Die süß-saure Marinade eventuell mit Zucker und Salz abschmecken und noch heiß über den Rettich gießen. Die Gläser mit einem Deckel verschließen und auskühlen lassen.

Die Kartoffeln mit der Schale weich kochen, schälen und mit einer Gabel zerdrücken. Mit Salz und Olivenöl würzen. Den Kohlrabi schälen und in 24 dünne Scheiben schneiden. Mithilfe eines Ringausstechers Kreise ausstechen und kurz in Salzwasser blanchieren. In Eiswasser abschrecken und auf Küchenpapier abtropfen lassen. Auf die Hälfte der Kohlrabischeiben etwas Kartoffelfüllung geben. Die restlichen Kohlrabischeiben darauflegen und die Ränder gut andrücken. Die gefüllten Kohlrabi in Mehl wenden, durch das verquirlte Ei ziehen und mit Semmelbröseln panieren. Im 160 Grad heißen Sonnenblumenöl frittieren, herausnehmen und auf Küchenpapier entfetten lassen.

Fertigstellung

Etwas Marinade vom roten Rettich mit Olivenöl zu einem Dressing verrühren. Salatblätter und marinierten Rettich in der Tellermitte anrichten. Die Kohlrabi-Ravioli daneben platzieren und mit Dressing beträufeln.

Ziegenfrischkäsepraline mit Peperoni

Juni bis Oktober

Zutaten
360 g Ziegenfrischkäse
Salz
30 g geschmorte Zwiebeln (siehe Seite 208)
1 mittelgroße grüne Peperoni (Paprika)
1 mittelgroße rote Peperoni (Paprika)
1 mittelgroße gelbe Peperoni (Paprika)
Olivenöl
50 g Zwiebeln, fein geschnitten
10 g Knoblauch, fein geschnitten
500 g Sahne
50 g Filoteig
Sonnenblumenöl
junge Salatblätter (z. B. Sauerklee, Endivie, Eichblatt, Rohnenblätter, Rucola)

Zubereitung

Den Ziegenfrischkäse durch ein Haarsieb streichen.
Mit Salz und geschmorten Zwiebeln vermengen und aus der Masse etwa 30 g schwere Bällchen formen. Kalt stellen.
Die Peperoni waschen, entkernen und mit einem Sparschäler schälen. Die Hälfte in kleine Würfel schneiden und in Olivenöl bei mittlerer Hitze etwa 7 Minuten dünsten. Mit Salz würzen.
Die restlichen Peperoni grob zerkleinern und nach Farben getrennt mit Zwiebeln und Knoblauch in Olivenöl 10 Minuten dünsten. Jeweils mit Sahne aufgießen und fertig garen.
Jede Sauce separat durch ein Haarsieb passieren und beiseitestellen.
Den Filoteig in dünne Streifen schneiden und die Ziegenkäsebällchen damit umwickeln. Im 160 Grad heißen Sonnenblumenöl frittieren und im Backofen bei 80 Grad nachgaren lassen.

Fertigstellung

Die Peperonisaucen auf die Teller geben und die gedünsteten Peperoni in der Mitte anrichten. Die Ziegenkäsepraline daraufsetzen und mit Salatblättern garnieren.

Mit Mozzarella überbackener Zuckerhut

Juni bis Oktober

Zutaten
2 mittelgroße Köpfe Zuckerhut oder Eisbergsalat
Olivenöl
Salz
Kräuter (Majoran, Thymian, Basilikum und Petersilie), fein geschnitten
200 g Mozzarella, in Würfel geschnitten

Zubereitung

Vom Zuckerhut die äußeren Blätter entfernen, waschen, trocken schleudern und beiseitestellen. Die Salatköpfe halbieren und in einer beschichteten Pfanne mit Olivenöl auf beiden Seiten kurz anbraten. Salzen und im auf 120 Grad vorgeheizten Backofen etwa 5 Minuten garen.

Fertigstellung

Die Salatblätter auf die Teller verteilen und jeweils einen halben angebratenen Salatkopf daraufsetzen. Mit Kräutern bestreuen und mit Mozzarellawürfeln belegen. Bei starker Oberhitze im Backofen kurz gratinieren. Mit etwas Olivenöl beträufelt servieren.

*Die sardische Pastaspezialität Fregola Sarda ähnelt dem Couscous und ist für mich eine willkommene Alternative zu Reis oder Nudeln, mit der ich vor allem vegane Gäste überraschen kann. Sie ist unglaublich vielseitig und macht sowohl als Beilage als auch als Hauptkomponente eines Gerichts eine gute Figur. Sie können Fregola Sarda sehr gut vorkochen, da sie beim erneuten Erwärmen nichts von ihrer Bissfestigkeit verliert. (D. H.)

Fregola Sarda mit Ofenzwiebel und Tomate

Juli bis November

Zutaten
1 große Zwiebel
200 g Fregola Sarda*
1 l Gemüsefond
(siehe Seite 208)
Olivenöl
Salz
50 g geschmorte Zwiebeln
(siehe Seite 208)
12 Basilikumblätter,
fein geschnitten
200 g geschmorte Dattel-
tomaten (siehe Seite 209)
Basilikum
Blutsauerampfer

Zubereitung

Die Zwiebel mit der Schale im Backofen bei 150 Grad (Umluft) etwa 1 Stunde garen. Herausnehmen und mit der Schale auskühlen lassen. Die Fregola Sarda im Gemüsefond bissfest kochen und mit Olivenöl, Salz, geschmorten Zwiebeln und Basilikum vermengen.
12 geschmorte Datteltomaten beiseitestellen, den Rest fein pürieren.

Fertigstellung

Die Zwiebel vorsichtig schälen, halbieren und die einzelnen Schichten voneinander lösen. Die Zwiebelschichten mit der heißen Fregola Sarda füllen und auf Tellern anrichten. Mit Datteltomatenpüree, Datteltomaten, Basilikum und Blutsauerampfer garnieren.

Tipp

Fregola Sarda sind kleine, getoastete Pastakügelchen, die beim Kochen die Flüssigkeit fast vollständig aufsaugen und deshalb meist nicht abgegossen werden müssen. Sollte doch etwas Flüssigkeit übrig bleiben, gießen Sie diese einfach ab.

Mit Oliven-Ciabatta und Mozzarella gefüllte Tomatentortellini

Juli bis November

Zutaten
250 g Mehl
125 g Hartweizenmehl (Farina di Grano duro)
5 g Salz
70 g Tomatenmark
3 Eiweiß
500 g Oliven-Ciabatta
250 g Mozzarella
Olivenöl
20 Basilikumblätter, in feine Streifen geschnitten
50 g geschmorte Zwiebeln (siehe Seite 208)
Rucolasauce (siehe Tipp)
150 g gereifter Bergkäse, gehobelt
Rucola

Zubereitung

Beide Mehlsorten und Salz vermengen. Das Tomatenmark gut mit dem Eiweiß verrühren und mit der Mehlmischung zu einem glatten Teig verkneten. Den Teig in Klarsichtfolie wickeln und mindestens 1 Stunde im Kühlschrank ruhen lassen.

Oliven-Ciabatta und Mozzarella in kleine Würfel schneiden. 100 g Oliven-Ciabatta in einer Pfanne mit etwas Olivenöl anrösten und zum Anrichten beiseitestellen. Die restlichen Brotwürfel mit Mozzarella, Basilikum und geschmorten Zwiebeln vermengen. Den Nudelteig dünn ausrollen und Kreise (Ø 10 cm) ausstechen. In die Mitte etwas von der Füllung setzen und die Teigränder mit Wasser bestreichen, übereinanderklappen und gut andrücken. Zu Tortellini formen und in Salzwasser 3–4 Minuten kochen.

Fertigstellung

Etwas Rucolasauce auf die Teller geben und die Tortellini darauf anrichten. Mit gerösteten Brotwürfeln, Bergkäsespänen und Rucola garnieren.

Tipp

Für die Rucolasauce 150 g Gemüsefond (siehe Seite 208) mit 50 g gekochten Kartoffelwürfeln aufkochen. 30 g kalte Butterwürfel und 50 g fein geschnittenen Rucola zugeben. Alles im Mixer fein pürieren und salzen.

⟶

Tipp

Verwenden Sie unbedingt Hartweizenmehl, das im Handel häufig unter der Bezeichnung *Farina di Grano duro* oder *Semola di Grano duro rimacinata* angeboten wird. Es ist im Gegensatz zum grobkörnigen Hartweizengrieß sehr fein gemahlen, hat eine schöne gelbe Farbe und der hohe Anteil an Klebereiweiß (Gluten) sorgt für Bissfestigkeit und gute Kocheigenschaften.

Tomatensuppe mit Karfiol

November
bis April

Zutaten
1 kg vollreife Tomaten (z. B. Ochsenherz, Datteltomaten, Andenhorn usw.)
Salz
100 g geschmorte Zwiebeln (siehe Seite 208)
1 mittelgroßer Karfiol (Blumenkohl)
Olivenöl
1 EL Knoblauchöl (siehe Seite 209)

Zubereitung

Die Tomaten waschen, grob zerkleinern, in einen Topf geben, salzen und etwa 30 Minuten ziehen lassen. Die geschmorten Zwiebeln dazugeben und alles etwa 20 Minuten köcheln lassen. Die Suppe durch ein feines Sieb passieren und auf die gewünschte Konsistenz einkochen.
Den Karfiol vom Strunk befreien und in kleine Röschen teilen. In Salzwasser etwa 8 Minuten kochen, abseihen und in Olivenöl schwenken.

Fertigstellung

Die Tomatensuppe auf tiefe Teller verteilen, mit Karfiol und Knoblauchöl garnieren.

Zitronenrisotto mit Bergkäse und gebackenen Salbeiblättern

April bis Oktober

Für den Zitronenrisotto
25 g Zucker
1 Zitrone, Saft
1½ Bio-Zitronen, Schale
125 g Gran Kinara, gerieben (oder andere Parmesan-Alternative)
300 g Risottoreis (z. B. Carnaroli)
Olivenöl
1 l Gemüsefond (siehe Seite 208)
Salz
Pfeffer
40 g kalte Butter

Für die gebackenen Salbeiblätter
100 g Tempuramehl
150 g eiskaltes Wasser
12 Salbeiblätter
Sonnenblumenöl

Für das Zitronenöl
45–60 g Zucker
1½ Zitronen, Saft
2 Bio-Zitronen, Schale
50–100 g Olivenöl

Zum Anrichten
100 g Bergkäse, in Streifen geschnitten

Zubereitung

Zucker leicht karamellisieren, Zitronensaft dazugeben und so lange kochen, bis sich der Zucker aufgelöst hat. Die Zitronenschale in feine Würfel schneiden, drei Mal blanchieren, unter den Zitronenkaramell rühren und auskühlen lassen. Mit geriebenem Gran Kinara vermischen.
Risottoreis in Olivenöl anschwitzen, so viel Gemüsefond aufgießen, dass der Reis bedeckt ist. Salzen und pfeffern. Unter ständigem Rühren 13–14 Minuten kochen lassen, dabei immer wieder Gemüsefond angießen. Vom Herd nehmen, mit der Zitronen-Käse-Mischung und kalter Butter binden.
Das Tempuramehl mit dem Wasser verrühren. Die Salbeiblätter durch den Teig ziehen und im 160 Grad heißen Öl ausbacken. Herausnehmen und auf Küchenpapier entfetten.

Fertigstellung

Für das Zitronenöl den Zucker leicht karamellisieren, den Zitronensaft dazugeben und so lange kochen, bis sich der Zucker aufgelöst hat. Die Zitronenschale in kleine Würfel schneiden und drei Mal blanchieren. Zusammen mit Olivenöl zur Zucker-Zitronen-Mischung geben. Den Risotto auf Teller verteilen, Salbeiblätter und Käsestreifen darauf anrichten und mit Zitronenöl beträufeln.

Tipp

Beim Zitronenöl können Sie die Menge des Zuckers bzw. des Olivenöls variieren – je nachdem, wie süß Sie es möchten bzw. wie dünn- oder dickflüssig es werden soll.

Kichererbsenpizza mit mediterranem Gemüse

Mai bis Oktober

Für den Teig
5 g Hefe
90 g Wasser
160 g Mehl
5 g Salz

Für die Kichererbsen
1 Karotte, in Würfel geschnitten
1 Zwiebel, fein geschnitten
Olivenöl
Salz
200 g eingeweichte Kichererbsen

Für das mediterrane Gemüse
1 Zucchini
1 Lauch
1 Zwiebel
12 geschmorte Datteltomaten (siehe Seite 209)
4 Wirsingblätter, in Stücke gerissen
Erbsensprossen oder Kresse

Zubereitung

Die Hefe im Wasser auflösen und mit Mehl und Salz zu einem glatten Teig verkneten. Zugedeckt etwa 1 Stunde bei Zimmertemperatur gehen lassen. Den Teig auf einer bemehlten Arbeitsfläche dünn ausrollen und mithilfe von zwei Ausstechern Ringe (Ø 10 cm) ausstechen. Auf Backpapier legen und im vorgeheizten Backofen bei 200 Grad 3–4 Minuten backen.
Karotten- und Zwiebelwürfel mit etwas Olivenöl anschwitzen und salzen. Kichererbsen dazugeben. Alles mit Wasser bedecken und etwa 1 Stunde kochen lassen. Abseihen und die Kochflüssigkeit dabei auffangen. 32 gekochte Kichererbsen beiseitestellen und die restlichen Kichererbsen mit etwas Kochwasser im Mixer fein pürieren. Mit Olivenöl und Salz abschmecken.
Aus der Zucchini mit einem Parisienne-Ausstecher Kugeln ausstechen und in Salzwasser garen. Den Lauch und die Zwiebel putzen, waschen und in mundgerechte Stücke schneiden. In einer beschichteten Pfanne anbraten, mit etwas Wasser ablöschen und bissfest dünsten. Kurz vor Ende des Garvorgangs die geschmorten Datteltomaten, Wirsing, Kichererbsen und Zucchini dazugeben und leicht erwärmen.

Fertigstellung

Den Teigring in die Mitte der Teller setzen und mit Kichererbsenpüree füllen. Das mediterrane Gemüse darauf anrichten und mit Erbsensprossen garnieren.

Tipps

Weichen Sie die Kichererbsen mindestens 12 Stunden (am besten über Nacht) ein. Gießen Sie das Einweichwasser weg und spülen Sie die Kichererbsen unter fließendem Wasser gut ab.
Sollte das Kichererbsenpüree zu fest sein, geben Sie einfach noch etwas Kochflüssigkeit dazu.
Den Lauch können Sie auch durch Frühlingszwiebeln ersetzen.

Mit Kräuterreis gefüllte Peperoni

Juni bis Oktober

Für die gefüllten Peperoni
2 mittelgroße rote Peperoni (Paprika)
2 mittelgroße gelbe Peperoni (Paprika)
2 mittelgroße grüne Peperoni (Paprika)
300 g Reis
Salz
50 g Kräuter (Basilikum, Majoran, Thymian, Schnittlauch), fein geschnitten
Olivenöl

Für die Saucen
90 g Kartoffeln
90 g Zwiebeln, in Würfel geschnitten
450 g Gemüsefond (siehe Seite 208)
je ½ gelbe, rote und grüne Peperoni (Paprika)
150 g Sahne
Salz

Zum Anrichten
40 Basilikumblätter
Sonnenblumenöl

Zubereitung

Die Peperoni waschen, abtrocknen und im Backofen bei 150 Grad etwa 25 Minuten schmoren lassen. Herausnehmen und die Haut abziehen. Die Peperoni halbieren und die Kerne vorsichtig herauskratzen. Den Reis mit der 1,5-fachen Menge Wasser und Salz etwa 20 Minuten garen, abseihen und mit Kräutern und Olivenöl vermengen. Die Peperonihälften in 2 Rechtecke schneiden, die dabei anfallenden Abschnitte für die Saucen verwenden. Auf jedes Rechteck etwas Kräuterreis geben und einrollen. Bis zum Anrichten im Backofen bei 80 Grad warm stellen.
Die Kartoffeln schälen und in kleine Würfel schneiden. In drei Töpfen jeweils 30 g Zwiebelwürfel und 30 g Kartoffelwürfel in Olivenöl farblos anschwitzen. Mit je 150 g Gemüsefond aufgießen und zum Kochen bringen. Die Peperoni nach Farben getrennt in kleine Würfel schneiden, auf die Töpfe verteilen und etwa 15 Minuten kochen lassen. Je 50 g Sahne und die jeweiligen Peperoniabschnitte dazugeben. Mit Salz abschmecken und im Mixer pürieren. Die Saucen durch ein Haarsieb passieren und warm halten.

Fertigstellung

Die Basilikumblätter im 160 Grad heißen Sonnenblumenöl frittieren, herausnehmen und auf Küchenpapier abtropfen lassen. Die gefüllten Peperoni auf den Tellern anrichten und mit den Saucen und den frittierten Basilikumblättern garnieren.

Dreierlei Peperonisüppchen mit Ziegenkäsepraline im Filoteig

Juni bis Oktober

Für die Peperonisüppchen
750 g rote Peperoni (Paprika)
750 g grüne Peperoni (Paprika)
750 g gelbe Peperoni (Paprika)
1 Knoblauchzehe
150 g Zwiebeln
Olivenöl
1 l Gemüsefond (siehe Seite 208)
Salz
Pfeffer
60 g kalte Butter

Für die Ziegenkäsepralinen
250 g Ziegenfrischkäse
40 g Filoteig
Sonnenblumenöl

Zum Anrichten
60 g rote Peperoni (Paprika)
60 g grüne Peperoni (Paprika)
60 g gelbe Peperoni (Paprika)
Olivenöl
Salz
Pfeffer

Zubereitung

Die Peperoni nach Farben getrennt putzen und in Stücke schneiden. Knoblauch und Zwiebeln fein hacken, auf drei Töpfe verteilen und in Olivenöl andünsten. Die Peperoni (nach Farben getrennt) dazugeben und etwa 5 Minuten farblos anschwitzen. Mit Gemüsefond aufgießen und etwa 15 Minuten kochen lassen. Salzen und pfeffern und mit jeweils 20 g Butter im Mixer pürieren. Jedes Süppchen durch ein Haarsieb passieren und warm stellen.
Aus dem Ziegenfrischkäse 4 Pralinen formen. Den Filoteig in dünne Streifen schneiden und die Frischkäsepralinen darin einwickeln. Im 160 Grad heißen Öl etwa 3 Minuten frittieren. Herausnehmen und auf Küchenpapier entfetten lassen.

Fertigstellung

Die Peperoni schälen, entkernen und in feine Würfel schneiden. Mit Olivenöl anschwitzen und mit Salz und Pfeffer würzen.
Die drei Suppen gleichzeitig in einen tiefen Teller gießen, sodass ein Mosaik entsteht. Die Peperoniwürfel und je eine Ziegenfrischkäsepraline in die Mitte setzen. Mit etwas Olivenöl beträufeln.

Tipp

Am einfachsten ist es, wenn Sie beim Anrichten der Suppe zu zweit arbeiten.

Rohne, Rote Bete

Sie hat sich in den letzten Jahren zu einem Modegemüse gemausert. Sie gibt mit ihrer Farbe und ihrem erdigen Aroma tatsächlich viel her – vor allem aufgrund ihrer Textur: Rohnen haben Biss und immer, wenn wir etwas länger kauen, vermischen sich die Aromen mit unserem Speichel und werden durch die Zunge besser aufgenommen. Dadurch wird das Geschmackserlebnis runder und interessanter. Demgegenüber schlüpft alles Weiche, Flüssige häufig viel zu schnell durch unseren Mundraum.

Dreierlei Rohnen mit Krenmousse und Kümmelvinaigrette

ganzjährig

Zutaten
1 rote Rohne (Rote Bete)
1 weiße Rohne (weiße Bete)
1 gelbe Rohne (gelbe Bete)
Salz
2 EL Salatvinaigrette
(siehe Seite 208)
40 g Kümmel
200 g Krenmousse
(siehe unten)
kleine Rohnenblätter

Zubereitung

Die Rohnen waschen und getrennt voneinander in Salzwasser weich kochen. Schälen und in kleine Würfel schneiden. Die Salatvinaigrette mit dem Kümmel verrühren.

Fertigstellung

Die verschiedenen Rohnenwürfel auf Tellern anrichten. Etwas Krenmousse in die Mitte geben. Die Rohnen mit Kümmelvinaigrette beträufeln und mit Rohnenblättern garnieren.

Krenmousse

Zutaten
50 g Kren (Meerrettich)
aus dem Glas
150 g Sauerrahm
100 g Naturjoghurt
Salz
2 g Agar-Agar
50 g Sahne

Zubereitung

Kren, Sauerrahm und Joghurt gut vermischen, salzen und erwärmen. Agar-Agar mit einem Schneebesen unterrühren und 1 Minute köcheln lassen. In einer Schüssel auskühlen lassen und mit dem Schneebesen glatt rühren. Die Sahne steif schlagen und vorsichtig unterheben. Im Kühlschrank etwa 3 Stunden fest werden lassen.

Tipp

Bevorzugen Sie beim Kauf kleine, pralle Rohnen, größere Exemplare sind mitunter holzig.

Rohnenspaghetti mit Graukäse und Schnittlauch

März bis Oktober

Zutaten
4 Rohnen (Rote Bete) à 150 g
Salz
Olivenöl
200 g Graukäse*
100 g Schnittlauch, fein geschnitten
Schnittknoblauch

Zubereitung
Die Rohnen gut waschen und schälen. Mithilfe einer japanischen Gemüsespaghettimaschine in lange, dünne Streifen schneiden. Die Rohnenspaghetti etwa 4 Minuten in Salzwasser kochen, abseihen und in Olivenöl schwenken.

Fertigstellung
Den Graukäse leicht zerbröseln. Ungefähr die Hälfte auf die Teller geben und im Backofen bei starker Oberhitze etwas schmelzen lassen. Die Rohnenspaghetti auf dem geschmolzenen Käse anrichten. Mit Schnittlauch, dem restlichen Graukäse und Schnittknoblauchspitzen garnieren.

*Graukäse ist ein echtes regionales Südtiroler Produkt, das ein Gericht unverwechselbar macht. Wir verbinden ihn vor allem mit dem Ahrntal und ich mag ihn am liebsten in seiner einfachsten Form: angerichtet mit Essig, Öl und Zwiebeln, beispielsweise beim Wandern auf Pustertaler Almen oder beim Langlaufen. Seine Milchsäure garantiert aber auch einen interessanten Kontrapunkt zu Nudeln und Rohnen. (H. H.)

Walnüsse

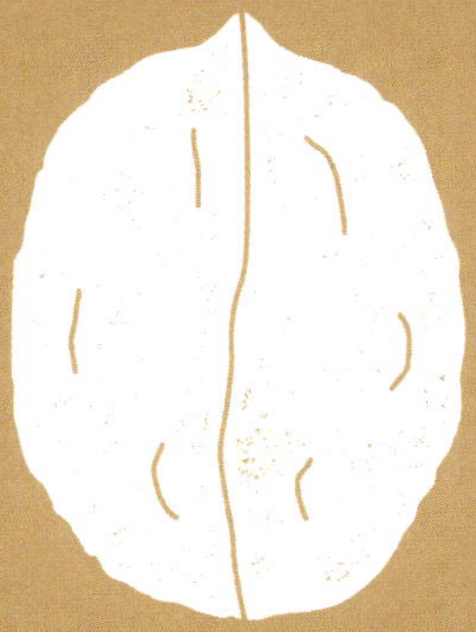

Rohnenterrine mit Ziegenfrischkäse und Walnüssen

ganzjährig

Zutaten
200 g Rohnensaft (Rote-Bete-Saft)
200 g Rohnenmarinade von den eingelegten Rohnen (siehe Seite 199)
Salz
3 g Agar-Agar
4 eingelegte Rohnen (Rote Bete)
150 g Ziegenfrischkäse
Apfelessig

Zubereitung

Den Rohnensaft durch ein Sieb gießen und mit 100 g Rohnenmarinade aufkochen. Mit Salz würzen, Agar-Agar mit einem Schneebesen einrühren und 1 Minute köcheln lassen. Zwei Rohnen in 2 mm dicke Scheiben schneiden. Den Ziegenfrischkäse mit einer Gabel zerdrücken und mit Salz würzen. Etwas Gelierfond in die Förmchen gießen, je eine Rohnenscheibe hineinlegen und fest werden lassen. Eine 2 mm dünne Schicht Ziegenkäse auf die Rohnen streichen, mit etwas Gelierfond begießen und mit einer Rohnenscheibe belegen. Leicht andrücken, fest werden lassen und den Vorgang noch einmal wiederholen. Die Terrinen im Kühlschrank etwa 2 Stunden gelieren lassen. Den restlichen Gelierfond in eine flache Form gießen, im Kühlschrank gelieren lassen und in Würfel schneiden.

Fertigstellung

Die restlichen Rohnen in Würfel schneiden und die restliche Rohnenmarinade mit Salz, Essig und Olivenöl zu einem Dressing verrühren. Die Terrinen stürzen und mittig auf die Teller setzen. Mit Rohnenwürfeln, Rohnengelee, Walnüssen und Salatblättern garnieren. Mit dem Dressing beträufeln.

Tipps

Sie können die Rohnen selbst entsaften oder einen gekauften Saft verwenden.
Nehmen Sie für die Terrine Halbkugelformen aus Silikon, die Sie vor dem Stürzen kurz in den Gefrierschrank stellen.

Rohnentortellini mit Fonduta und Bergkäse

ganzjährig

Für die Rohnentortellini
1 Ei
2 Eigelb
110 g Rohnensaft (Rote-Bete-Saft)
250 g Mehl
100 g Hartweizenmehl (Farina di Grano duro)
400 g mehlige Kartoffeln
50 g geschmorte Zwiebeln (siehe Seite 208)
1 EL Kümmel, gemahlen
Salz

Für die Rohnensauce
85 g Rohnensaft (Rote-Bete-Saft)
60 g kalte Butter, in Würfel geschnitten
1 Spritzer Apfelessig

Für die Käsefonduta
200 g Sahne
100 g Gran Kinara, gerieben (oder andere Parmesan-Alternative)

Zum Anrichten
Rohnensaft (Rote-Bete-Saft)
Grünkohlblätter, blanchiert
Bergkäse, gehobelt

Zubereitung

Ei, Eigelb und Rohnensaft mit einem Schneebesen verrühren. Die beiden Mehlsorten in die Küchenmaschine geben und mit dem Knethaken langsam vermengen. Das Ei-Rohnensaft-Gemisch langsam einlaufen lassen und alles zu einem glatten Teig verkneten. Den Teig in Klarsichtfolie wickeln und 1 Stunde ruhen lassen.
Die Kartoffeln mit Schale weich kochen, schälen und mit einer Gabel zerdrücken. Die geschmorten Zwiebeln und den Kümmel unterrühren und mit Salz abschmecken.
Den Teig mit der Nudelmaschine dünn ausrollen und Kreise (Ø 10 cm) ausstechen. Auf jeden Kreis etwas Kartoffelfüllung geben und die Ränder mit Wasser bestreichen. Zusammenfalten und zu Tortellini formen.
Den Rohnensaft zum Kochen bringen und die kalte Butter einrühren. Mit etwas Salz und Apfelessig abschmecken.
Die Sahne aufkochen und den geriebenen Gran Kinara zufügen. Unter Rühren auf die gewünschte Konsistenz einkochen lassen.

Fertigstellung

Die Tortellini in Salzwasser 3–4 Minuten kochen, herausnehmen und in etwas Rohnensaft schwenken. Auf Teller verteilen und mit den beiden Saucen beträufeln. Mit Grünkohl und Bergkäse garnieren.

Tipp

Sollte der Teig zu feucht sein, kneten Sie etwas Mehl unter.

Rohnen haben einen erdigen, süßlichen Geschmack und werden in der Südtiroler Küche häufig verwendet. Wahrscheinlich, weil sie überall wachsen und sich gut lagern lassen. Rohnensaft wurde früher auch zum Einfärben von Lebensmitteln, z. B. von Eiern zu Ostern, verwendet. Da ist es naheliegend, damit den Nudelteig für die Ravioli einzufärben. Auf dem Teller ergibt sich so ein schöner, lebendiger Kontrast zwischen den Ravioli und der blassen Käsefonduta – das Auge isst schließlich mit. (D. H.)

Gebackene Bohnen mit Kartoffel-Pfifferling-Tatar

Juni bis Oktober

Für das Kartoffel-Pfiffer-ling-Tatar
300 g festkochende Kartoffeln
280 g Pfifferlinge
50 g Zwiebeln, in feine Würfel geschnitten
Olivenöl
Salz
1 EL Petersilie, fein gehackt
1 EL Knoblauchöl (siehe Seite 209)

Für die gebackenen Bohnen
8 breite Bohnen
Salz
Mehl
1 Ei, verquirlt
Panko-Brösel
Sonnenblumenöl

Zum Anrichten
200 g Weiße Rüben
4 EL Salatvinaigrette (siehe Seite 208)
junge Blattsalate (z. B. Eichblatt, Frisée, Babyspinat)

Zubereitung

Die Kartoffeln schälen und die Pfifferlinge putzen. Beides in kleine Würfel bzw. Stücke schneiden. Zwiebelwürfel in Olivenöl farblos anschwitzen, die Kartoffelwürfel dazugeben und etwa 10 Minuten dünsten. Die Pfifferlinge zufügen und weitere 5 Minuten dünsten. Mit Salz, Petersilie und Knoblauchöl abschmecken.
Die breiten Bohnen in Salzwasser bissfest garen. In Eiswasser abschrecken und abtropfen lassen. Die Bohnen in Mehl wälzen, durch das verquirlte Ei ziehen und mit Panko-Bröseln panieren. Im 160 Grad heißen Öl etwa 3 Minuten ausbacken. Auf Küchenpapier entfetten lassen.

Fertigstellung

Die Weißen Rüben schälen, in kleine Würfel schneiden und mit der Salatvinaigrette vermischen. Die Bohnen auf die Teller legen und das Kartoffel-Pfifferling-Tatar als Nocke in der Mitte anrichten. Mit Salatblättern und Weißen Rüben garnieren.

Fenchel

Fenchellasagnette mit Räuchertopfen

Mai bis November

Für den Teig
500 g Mehl
500 g Hartweizenmehl (Farina di Grano duro)
60 g Fenchelsamen, fein gemahlen
Salz
10 Eier
10 g Olivenöl

Für den Fenchel
2 Fenchelknollen (etwa 300 g)
Olivenöl
200 g Gemüsefond (siehe Seite 208)
2 g Safranfäden
Salz
30 g kalte Butter
8 hauchdünne Fenchelscheiben
Mehl
Sonnenblumenöl

Zum Anrichten
280 g Räuchertopfen (geräucherter Quark)
Fenchelgrün

Zubereitung

Die Mehlsorten vermengen, auf eine Arbeitsfläche sieben, mit Fenchelsamen und Salz vermischen und eine Mulde hineindrücken. Die Eier und das Olivenöl in die Mulde geben und langsam von innen nach außen in das Mehl einarbeiten. Den Teig gut durchkneten, in Klarsichtfolie wickeln und 1 Stunde im Kühlschrank ruhen lassen.
Die Fenchelknollen halbieren und den Strunk keilförmig herausschneiden. Längs 8 etwa ½ cm dicke Scheiben abschneiden. Den restlichen Fenchel in kleine Würfel schneiden. Alles in Olivenöl farblos anschwitzen und mit Gemüsefond aufgießen. Safran dazugeben und 5 Minuten köcheln lassen. Salzen. Die Fenchelscheiben vorsichtig herausnehmen und mit Küchenpapier abtrocknen.
Die Fenchel-Safran-Sauce mit der kalten Butter binden.
Die hauchdünnen Fenchelscheiben in Mehl wenden, abschütteln und im 160 Grad heißen Sonnenblumenöl frittieren. Auf Küchenpapier abtropfen lassen.
Den Nudelteig dünn ausrollen und in 16 Nudelblätter (15 x 15 cm) schneiden. In Salzwasser etwa 4 Minuten bissfest kochen.

Fertigstellung

Etwas Räuchertopfen auf die Teller geben, jeweils ein Nudelblatt, eine Fenchelscheibe und etwas Fenchel-Safran-Sauce darauf verteilen. Den Vorgang dreimal wiederholen. Mit Fenchel-Safran-Sauce, Räuchertopfen, frittierten Fenchelscheiben und Fenchelgrün garnieren.

Tipps

Sie können die Zutaten für den Nudelteig auch in eine Küchenmaschine geben und darin gut durchkneten lassen.
Achten Sie darauf, dass Sie für den Nudelteig unbedingt Hartweizenmehl (Farina di Grano duro) verwenden und keinen Hartweizengrieß.
Die Fenchelscheiben zum Frittieren können Sie mit einer Aufschnittmaschine wirklich hauchdünn schneiden.

Mit Räuchern verbinden wir in Südtirol vor allem Speck und Kaminwurzen, die auf diese Weise haltbar gemacht werden und so ihren charakteristischen Geschmack entwickeln. Aber auch Milchprodukte wie Burrata oder Graukäse – oder wie in diesem Fall der Topfen – gewinnen meines Erachtens durch Räuchern eine neue interessante Note, die wunderbar mit vielen Gemüsesorten harmoniert. (D. H.)

Melanzanepizza mit Lauchcreme

Juni bis Oktober

Zutaten
100 g gelbe Peperoni (Paprika)
100 g rote Peperoni (Paprika)
Olivenöl
50 g geschmorte Zwiebeln (siehe Seite 208)
Salz
1 EL Minzeblätter, in feine Streifen geschnitten
2 mittelgroße, längliche Melanzane (Aubergine)
200 g Mozzarella, in Würfel geschnitten

Zum Anrichten
100 g Lauchcreme (siehe Seite 156)
Minzeblätter

Zubereitung

Gelbe und rote Peperoni waschen, schälen, entkernen und in kleine Würfel schneiden. In Olivenöl andünsten und mit geschmorten Zwiebeln, Salz und Minze würzen.
Die Melanzane waschen und längs in etwa 1 cm dicke Scheiben schneiden. 8 große Scheiben in einer beschichteten Pfanne mit etwas Olivenöl auf beiden Seiten anbraten. Mit den gedünsteten Peperoni und Mozzarella belegen und im Backofen bei starker Oberhitze einige Minuten gratinieren.

Fertigstellung

Die Melanzanepizza mit Lauchcreme und Minze garnieren.

Tipp

Für dieses Rezept benötigen Sie nur die 8 größten Melanzanescheiben. Den Rest können Sie anderweitig verarbeiten.

Soufflierter Gemüseknödel mit Tomatensauce

Herbst und Winter

Zutaten
150 g Weißbrot (vom Vortag)
200 g gereifter Bergkäse
50 g Brokkoliröschen
50 g Peperoni (Paprika), in feine Würfel geschnitten
50 g Zucchini, in feine Würfel geschnitten
Olivenöl
Salz
60 g geschmorte Zwiebeln (siehe Seite 208)
Petersilie, fein gehackt
Pfeffer
2 Eier
4 Eiweiß
Butter
4 Filoteigblätter (18 x 18 cm)

Zum Anrichten
200 g Tomatensauce (siehe Seite 209)
Basilikum

Zubereitung

Das Weißbrot und den Käse in Würfel schneiden und vermischen. Brokkoli, Peperoni und Zucchini in Olivenöl anschwitzen, salzen und zum Weißbrot geben. Die geschmorten Zwiebeln mit Petersilie, Salz und Pfeffer würzen. Zusammen mit den Eiern zur Knödelmasse geben und gut verrühren. Das Eiweiß steif schlagen und unterheben. Die Knödelmasse kurz ruhen lassen. Die Souffléförmchen ausbuttern und mit je einem Filoteigblatt auslegen. Die Knödelmasse hineingeben und im vorgeheizten Backofen bei 150 Grad ungefähr 15 Minuten backen.

Fertigstellung

Die Tomatensauce erwärmen. Die Knödel aus den Förmchen lösen und mit Tomatensauce auf Tellern anrichten.
Mit Basilikum garnieren.

Tipp

Nehmen Sie für die Knödel am besten zwei Tage altes Weißbrot, das Sie bis zur Verwendung in einer Plastiktüte aufbewahren.

Staudensellerie mit Räuchertopfen und schwarzem Knoblauch

Mai bis Dezember

Zutaten
4 Stangen Staudensellerie
Olivenöl
50 g geschmorte Zwiebeln (siehe Seite 208)
500 g Gemüsefond (siehe Seite 208)
Salz
200 g Nudelteig (siehe Seite 209)
160 g Räuchertopfen (geräucherter Quark)
20 g schwarzer Knoblauch
16 Sellerieblättchen
Gran Kinara, gerieben (oder andere Parmesan-Alternative)

Zubereitung

Die Selleriestangen waschen, in 8 etwa 15 cm lange Stücke schneiden. Den Rest in feine Würfel schneiden und mit Olivenöl und der Hälfte der geschmorten Zwiebeln anschwitzen. So viel Gemüsefond angießen, dass der Sellerie bedeckt ist. Etwa 20 Minuten kochen, im Mixer fein pürieren und durch ein Sieb streichen. Die Selleriecreme salzen und warm stellen. Die Selleriestangen etwa 20 Minuten in Salzwasser kochen, herausnehmen und warm halten.
Den Nudelteig dünn ausrollen und in 10 x 10 cm große Quadrate schneiden. Den Räuchertopfen mit den restlichen geschmorten Zwiebeln würzen, in einen Spritzbeutel füllen und einen Teil als Streifen mittig auf die Nudelblätter spritzen. Die untere Hälfte der Nudelblätter bis zur Füllung mit Wasser bestreichen. Die obere Hälfte darüberklappen und fest andrücken, sodass ein rechteckiger Raviolo entsteht. In Salzwasser 3–4 Minuten garen. Den schwarzen Knoblauch schälen und im Mixer fein pürieren.

Fertigstellung

Je 2 Selleriestangen auf die Teller legen und jeweils zur Hälfte mit dem restlichen Räuchertopfen füllen. Auf die andere Hälfte je einen Raviolo platzieren. Die Selleriecreme als Tupfen um die Selleriestangen verteilen und in die Mitte etwas Knoblauchpüree geben. Mit den Sellerieblättern garnieren und mit Gran Kinara bestreuen.

Tipp

Verwenden Sie zum Garnieren am besten die kleinen, hellen Blättchen aus dem Inneren des Staudenselleries.

Sellerie-Cordon-bleu mit Selleriesalat und Apfel-Senfsaat-Mayonnaise

Mai bis Dezember

Zutaten
1 großer Knollensellerie
Salz
60 g Topfen (Quark)
3 Mozzarella, in Scheiben geschnitten
6 Basilikumblätter
Mehl
2 Eier, verquirlt
Semmelbrösel
Sonnenblumenöl
2 grüne Selleriestangen
4 EL Salatvinaigrette (siehe Seite 208)
Apfel-Senfsaat-Mayonnaise (siehe Seite 204)
Selleriegrün

Zubereitung

Den Knollensellerie schälen und in hauchdünne Scheiben schneiden. 12 Selleriescheiben etwa 3 Minuten in Salzwasser kochen, abseihen und gut abtropfen lassen. Die Selleriescheiben mit Topfen bestreichen und jeweils mit einer Scheibe Mozzarella und einem Basilikumblatt belegen. Die Selleriescheiben zusammenfalten, salzen, in Mehl wälzen, durch das verquirlte Ei ziehen und mit Semmelbröseln panieren. Im 160 Grad heißen Sonnenblumenöl etwa 3 Minuten frittieren. Herausnehmen und auf Küchenpapier entfetten lassen.
Die Selleriestangen der Länge nach in dünne Streifen schneiden, salzen und mit Vinaigrette marinieren.

Fertigstellung

Den Selleriesalat mittig auf die Teller geben und das Sellerie-Cordon-bleu darauf anrichten. Mit Apfel-Senfsaat-Mayonnaise und Selleriegrün garnieren.

Tipps

Den restlichen Sellerie können Sie anderweitig verwenden. Wer möchte, kann am Ende noch klein gehackte Erdmandeln darüberstreuen. Diese Sauergrasart gibt dem Gericht einen nussigen, süßen Ton. In meinen jungen Jahren war mir dieses Aroma völlig unbekannt, wenngleich es Erdmandeln bei uns auch schon früher gab: Sie wurden getrocknet, geröstet und dann wurde damit Kaffee gemacht – bzw. das, was man als solchen bezeichnete.

Selleriesuppe in der eigenen Knolle

Juni bis November

Zutaten
5 mittelgroße Knollensellerie*
Olivenöl
50 g geschmorte Zwiebeln (siehe Seite 208)
200 g Gemüsefond (siehe Seite 208)
300 g Sahne
Salz
Sonnenblumenöl
Selleriechips (siehe Tipp)
Selleriegrün

Zubereitung

Den Sellerie waschen, eine Knolle schälen und in kleine Würfel schneiden. Die restlichen 4 Knollen vorsichtig mit einem Parisienne-Ausstecher aushöhlen. Das Fruchtfleisch zusammen mit den Selleriewürfeln in Olivenöl farblos anschwitzen. Geschmorte Zwiebeln, Gemüsefond und Sahne dazugeben, mit Salz würzen, 20–30 Minuten kochen lassen und im Mixer fein pürieren.
Die ausgehöhlten Sellerieknollen in Salzwasser etwa 15 Minuten bissfest kochen, herausnehmen und gut abtropfen lassen. Im 160 Grad heißen Öl 5–6 Minuten frittieren. Herausnehmen und auf Küchenpapier abtropfen lassen.

Fertigstellung

Die frittierten Sellerieknollen mittig auf die Teller setzen und mit Selleriesuppe füllen. Die restliche Suppe angießen. Mit Selleriechips und Selleriegrün garnieren.

Tipps

Trocknen Sie die Sellerieknollen vor dem Frittieren gut ab, damit das heiße Öl nicht spritzt. Für die Selleriechips schneiden Sie den Sellerie in hauchdünne Scheiben und frittieren sie in 160 Grad heißem Sonnenblumenöl.

→

*Beim Knollensellerie zählt Saisonalität ganz besonders: Wenn er frisch ist, in Südtirol zwischen Sommer und Spätherbst, und die Stängel mit ihren dunkelgrünen Blättern noch dran sind, er also noch voll im Saft ist, schmeckt er wunderbar nussig und macht Lust, ihn gleich roh zu verspeisen. Außerhalb der Saison sind die Knollen nur in sogenannter kontrollierter bzw. gesteuerter Atmosphäre lagerfähig und erinnern mich persönlich ein wenig an die Würzsauce in den eckigen Fläschchen mit dem gelbroten Etikett, die in meiner Kindheit und Jugend in Gasthäusern und Haushalten allgegenwärtig waren. Schlimmstenfalls lassen sie mich an nassen Karton denken. (H. H.)

Kartoffeln

In der Zeit von August bis Mitte November spielen in Südtirol die Bauernmärkte die besten Stücke: Das große Orchester tritt auf, wenn die Bauern neben den Früchten und dem oberirdischen Grün auch das anbieten, was unter der Erde wächst: Karotten, Pastinaken, Rüben und natürlich Kartoffeln. In Südtirol ist insbesondere das Pustertal für seine guten Kartoffeln bekannt.

Kartoffeln mit Topfen-Sauerrahm-Creme und Sprossen

April bis Juli

Zutaten
4 mittelgroße mehlige Kartoffeln
120 g Topfen (Quark)
40 g Sauerrahm
50 g geschmorte Zwiebeln (siehe Seite 208)
Salz
verschiedene Sprossen (z. B. Erbsen-, Fenchel-, Radieschensprossen) oder junge Salatblätter
Olivenöl

Zubereitung

Die Kartoffeln waschen und mit Schale weich kochen. Topfen, Sauerrahm und geschmorte Zwiebeln gut verrühren und mit Salz würzen.

Fertigstellung

Die Kartoffeln längs einschneiden und etwas auseinanderdrücken. Topfen-Sauerrahm-Creme in die Öffnung füllen, mit den Sprossen garnieren und mit Olivenöl beträufeln.

Blaue Kartoffelnocken mit Kräuterseitlingen

September bis Oktober

Zutaten
900 g blaue Kartoffeln (z. B. Trüffelkartoffeln, Blaue Anneliese oder Blauer Schwede)
100 g weiche Butter
100 g Mehl
30 g Kartoffelstärke
Salz
4 Kräuterseitlinge
Olivenöl

Zum Anrichten
100 g Buttersauce (siehe Seite 208)
Salbei

Zubereitung

Die Kartoffeln waschen und mit der Schale weich kochen. Noch heiß schälen, durch ein Haarsieb streichen und etwas abkühlen lassen. Die Butter dazugeben und mit der Hand zu einer geschmeidigen Masse verkneten. Mehl, Kartoffelstärke und Salz vorsichtig unterheben und den Kartoffelteig im Kühlschrank 1 Stunde ruhen lassen.
Die Kräuterseitlinge mit einem Tuch abwischen, in Scheiben schneiden und die 8 größten Scheiben in Olivenöl scharf anbraten. Den Rest in kleine Würfel schneiden und ebenfalls in Olivenöl anbraten. Mit Salz würzen.

Fertigstellung

Den Kartoffelteig etwa 1 cm dick ausrollen, in 2 cm lange Stücke schneiden, zu kleinen Kugeln formen und über eine Gabel rollen, damit das typische Gnocchi-Muster entsteht. Die Gnocchi 3–4 Minuten in Salzwasser kochen, abseihen und in der Buttersauce schwenken.
Die angebratenen Kräuterseitlinge auf die Teller verteilen und die Gnocchi darauf anrichten. Mit Buttersauce, Pilzwürfeln und Salbei garnieren.

⟶

Tatar vom Blauschimmelkäse auf Apfel-Carpaccio

August bis März

Zutaten
320 g Blauschimmelkäse
50 g geschmorte Zwiebeln (siehe Seite 208)
Olivenöl
3 Äpfel (z. B. Kanzi)
4 Walnüsse
Sauerklee oder junge Salatblätter (z. B. Senfkohl, Rucola)

Zubereitung

Den Blauschimmelkäse entrinden, in kleine Würfel schneiden und mit den geschmorten Zwiebeln und Olivenöl abschmecken. In einen Metallring füllen, fest andrücken und kalt stellen.
Die Äpfel schälen und das Kerngehäuse mit einem Ausstecher entfernen. Einen Apfel in feine Streifen schneiden, die anderen beiden in dünne Scheiben.

Fertigstellung

Die Apfelscheiben rosettenartig auf den Tellern auslegen. In die Mitte die Apfelstreifen geben und das Blauschimmeltatar darauf anrichten. Mit Walnüssen und Sauerklee garnieren und mit etwas Olivenöl beträufeln.

Wurzelgemüse

Herbstlicher Gemüseeintopf mit Nudelblättern

September
bis Dezember

Zutaten
100 g blaue Karotten
100 g weiße Karotten
100 g gelbe Karotten
100 g Perlzwiebeln
4 mittelgroße Grünkohlblätter
Salz
Olivenöl
1 EL Knoblauchöl (siehe Seite 209)
2 l Gemüsefond (siehe Seite 208)
200 g Nudelteig (siehe Seite 209)
50 g Gran Kinara, gehobelt (oder andere Parmesan-Alternative)

Zubereitung

Die Karotten schälen und halbieren. Die Perlzwiebeln schälen und vierteln. Den Grünkohl waschen, trocken schleudern und in kleine Stücke zupfen. Die blauen Karotten in Salzwasser bissfest garen. Die Perlzwiebeln zusammen mit den restlichen Karotten in Olivenöl dünsten. Das Knoblauchöl zufügen, salzen und mit Gemüsefond aufgießen. Ungefähr 7–8 Minuten köcheln lassen. Kurz vor Ende der Garzeit den Grünkohl und die blauen Karotten zum Eintopf geben und 2 Minuten gar ziehen lassen.
Den Nudelteig dünn ausrollen, in 4 x 20 cm lange Streifen schneiden und in Salzwasser etwa 3 Minuten garen. Abseihen und aufrollen.

Fertigstellung

Den Gemüseeintopf auf die Teller verteilen, die aufgerollten Nudelstreifen darauf anrichten und mit Parmesanspänen garnieren.

Tipp

Wenn die Karotten sehr dick und groß sind, sollten Sie sie nicht nur einmal in der Mitte durchschneiden, sondern zusätzlich noch vierteln.

Polenta mit Gemüse und Graukäse

Juni bis Oktober

Für die Polenta
400 g Milch
100 g Sahne
100 g Gemüsefond (siehe Seite 208)
3 Knoblauchzehen
3 Thymianzweige
Salz
40 g feines Polentamehl
80 g feiner Hartweizengrieß (Semola di Grano duro)
2 Eigelb

Für das Gemüse
100 g Tomaten
100 g grüne Peperoni (Paprika)
100 g rote Peperoni (Paprika)
100 g gelbe Peperoni (Paprika)
100 g Zucchini
100 g Lauch
Olivenöl
Salz

Zum Anrichten
Butter
300 g gereifter Graukäse, zerbröselt
50 g Schnittlauch, fein geschnitten
Basilikum

Zubereitung

Die Milch mit Sahne und Gemüsefond aufkochen. Knoblauchzehen und Thymianzweige dazugeben und etwa 30 Minuten in der Milch-Sahne-Mischung ziehen lassen.
Die Flüssigkeit durch ein Sieb passieren, salzen und erneut zum Kochen bringen. Das Polentamehl mit dem Hartweizengrieß vermischen und mit einem Schneebesen in die Flüssigkeit einrühren. Wenn die Polenta fest zu werden beginnt, mit einem Kochlöffel weiterrühren und so lange kochen lassen, bis sich am Topfboden ein weißer Film gebildet hat. Die Polenta vom Herd nehmen und etwas abkühlen lassen. Das Eigelb zügig unterrühren und die Masse in eine mit Backpapier ausgelegte Auflaufform füllen. Die Polenta darin fest werden lassen.
Die Tomaten einritzen, 3 Minuten blanchieren und in Eiswasser abschrecken. Häuten, entkernen und in kleine Würfel schneiden. Peperoni, Zucchini und Lauch ebenfalls in kleine Würfel schneiden. Die Gemüsewürfel in Olivenöl dünsten und mit Salz würzen.

Fertigstellung

Die Polenta aus der Form nehmen, in Scheiben schneiden und in etwas Butter auf beiden Seiten goldgelb braten. Die Gemüsewürfel auf die Teller verteilen, je eine Polentascheibe daraufsetzen und mit zerbröseltem Graukäse und Schnittlauch bestreuen. Mit Basilikum garnieren.

Bauernmärkte

Bauernmärkte spiegeln die Jahreszeiten wider. Nirgends sonst können wir einfacher und anschaulicher lernen, was regional gerade Saison hat. Supermärkte mit ihren ganzjährig verfügbaren Erdbeeren oder Tomaten lassen uns hingegen jedes Gefühl für Saisonalität verlieren. Abgesehen vom Gedanken der Nachhaltigkeit bei möglichst kurzen Lieferwegen sind wir überzeugt, dass unser Körper das, was aktuell in unserem Umfeld wächst, besser „lesen" und verdauen kann. Früchte und Gemüse derselben Jahreszeit passen meist geschmacklich gut zueinander, und die von regionalen Anbietern sind in der Regel auch besser. Ein zur Weihnachtszeit von der Südhalbkugel importierter Pfirsich kann mit einem zur Erntezeit genossenen Pfirsich aus der Region schlicht nicht mithalten.

Süß-saurer Kürbissalat

August bis November

Zutaten
1 Hokkaido-Kürbis (etwa 1 kg)
Olivenöl
Salz
1 Zwiebel, in Würfel geschnitten
1 EL Koriandersamen
2 EL Fenchelsamen
1 Lorbeerblatt
200 g Weißwein
1 l Wasser
40 g Zucker
140 g Quitten- oder Apfelessig
Kürbiskernöl
junge Salatblätter (z. B. Frisée, Rucola, Babyspinat, Rohnenblätter)
Kürbiskerne

Zubereitung

Den Hokkaido-Kürbis waschen, vierteln und die Kerne herauskratzen. Ein Viertel mit einer Reibe raspeln. Den geraspelten Kürbis in Olivenöl anbraten, salzen und beiseitestellen. Den restlichen Kürbis schälen und in dünne Scheiben schneiden. Mit einem Ringausstecher 40 Kreise (Ø 10 cm) ausstechen. In Salzwasser blanchieren, abseihen und auskühlen lassen. Das restliche Fruchtfleisch mit den Zwiebelwürfeln, Koriander, Fenchel und Lorbeerblatt in Olivenöl anschwitzen, mit dem Weißwein ablöschen und mit dem Wasser aufgießen. Mit Zucker und Salz würzen und 30 Minuten köcheln lassen. Vom Herd nehmen, 1 Stunde ziehen lassen und abseihen. Die Flüssigkeit mit Essig und Salz abschmecken und noch einmal kurz aufkochen. Über die blanchierten Kürbiskreise gießen und im Kühlschrank über Nacht marinieren lassen.

Fertigstellung

Etwas Kürbismarinade mit Kürbiskernöl zu einem Dressing verrühren. Die marinierten Kürbisscheiben auf den Tellern anrichten und den geraspelten Kürbis als Nocke daraufsetzen. Mit Blattsalaten und Kürbiskernen garnieren und mit Dressing beträufeln.

Ganz im Sinne vcn Zero Waste versuche ich immer das ganze Produkt zu verwerten, nichts zu verschwenden. Mit den Schalen und anderen Teilen vom Gemüse kann man den Eigengeschmack einer Zutat intensiver machen, zum Beispiel, indem man mit den Resten eine Marinade herstellt, so wie beim Kürbis. Das macht oft den entscheidenden Unterschied aus. (D. H.)

Kastanien

Die Keschtn sind für mich mit schönen Kindheitserinnerungen verbunden: Wenn es Ende Oktober an der Seite meiner Mutter aus dem kleinen Gsies hinaus nach Bruneck auf den größten Markt Tirols, den Stegener Markt, ging, um eine Hose oder einen Pullover zu erstehen, dann war der Keschtn-Brater eine fixe Anlaufstelle. Die heißen Dinger waren zwar häufig halb verkohlt, aber sie markierten für mich deutlich die Wende im (christlichen) Jahreslauf: Der Sommer war zu Ende, die Tage empfindlich rauer, Allerheiligen mit dem obligaten Fochaz, einem vom Taufpaten überbrachten Gebildebrot – Hase oder Henne –, stand vor der Tür. Wichtiger noch: Es keimte bereits zart die Vorfreude auf Weihnachten. (H. H.)

Kastaniensuppe mit Topinambur

Oktober bis März

Zutaten
50 g geschmorte Zwiebeln (siehe Seite 208)
Olivenöl
1,5 kg Kastanienpüree
300 g mehlige Kartoffeln, gekocht und passiert
1 l Gemüsefond (siehe Seite 208)
50 g Sahne
Salz
100 g Topinambur
Sonnenblumenöl

Zubereitung

Die geschmorten Zwiebeln in einem Topf mit Olivenöl leicht anschwitzen. Das Kastanienpüree und die passierten Kartoffeln dazugeben, umrühren und mit Gemüsefond und Sahne aufgießen. Die Suppe ungefähr 5 Minuten köcheln lassen und mit Salz abschmecken.
Topinambur waschen und mit der Schale in hauchdünne Scheiben schneiden. Mit Küchenpapier trocken tupfen und im 160 Grad heißen Sonnenblumenöl frittieren. Auf Küchenpapier entfetten lassen.

Fertigstellung

Die Kastaniensuppe in tiefe Teller geben und mit Topinamburchips bestreuen.

Kastanientortellini mit Hallimasch

September bis November

Für den Nudelteig
250 g Mehl
100 g Hartweizenmehl (Farina di Grano duro)
250 g Kastanien, gekocht und passiert
2 Eier
Salz

Für die Füllung
300 g Mascarpone
300 g Kastanien, gekocht und passiert
Salz

Für die Hallimasch
200 g Hallimasch
Olivenöl
Salz

Zum Anrichten
zerlassene Butter
Käsefonduta (siehe Seite 82)
Kastanien, gekocht und gerieben

Zubereitung

Beide Mehlsorten und die passierten Kastanien vermengen. Eier und Salz dazugeben und alles zu einem geschmeidigen Teig verkneten. Den Teig eingewickelt 1 Stunde ruhen lassen. Mascarpone, passierte Kastanien und Salz verrühren. Den Nudelteig dünn ausrollen und Kreise (Ø ca. 8 cm) ausstechen. Etwas Füllung auf die Kreise geben, die Teigränder mit Wasser bestreichen und zu Tortellini formen. Tortellini 4–5 Minuten in Salzwasser garen.
Hallimasch putzen und in Olivenöl ungefähr 3 Minuten durchschwenken. Mit Salz würzen.

Fertigstellung

Die Tortellini auf Teller verteilen und mit der zerlassenen Butter beträufeln. Mit Pilzen, Käsefonduta und geriebenen Kastanien garnieren.

Pilze und Kastanien sind ein gutes Beispiel dafür, dass Produkte, die zur selben Zeit wachsen und reifen, auch auf dem Teller gut harmonieren.

Nudeln aus gebranntem Mehl mit Shiitakepilzen und Lauchcreme

Winter

Zutaten
100 g gebranntes Mehl (Farina di Grano arso)*
300 g Mehl
230 g Wasser
5 g Salz
20 Shiitakepilze (ohne Stiel)
Olivenöl

Zum Anrichten
50 g Butter
Lauchcreme (siehe Seite 156)
100 g Lauch, in feine Würfel geschnitten

Zubereitung
Beide Mehlsorten vermischen, Wasser und Salz dazugeben und alles zu einem glatten Teig verkneten. Den Teig in Klarsichtfolie wickeln und etwa 1 Stunde ruhen lassen.
Den Teig mit der Nudelmaschine dünn ausrollen und in feine Bandnudeln schneiden. Die Shiitakepilze mit einem Tuch abreiben und kurz in Olivenöl anbraten. Mit Salz würzen.

Fertigstellung
Die Nudeln in Salzwasser bissfest kochen. Abseihen und in Butter schwenken. Die Lauchcreme erwärmen und auf Teller verteilen. Die Nudeln zusammen mit den Shiitakepilzen darauf anrichten und mit Lauchwürfeln garnieren.

*Farina di Grano arso (auf Deutsch: verbrannter Weizen) stammt aus Süditalien. Früher wurden in Apulien nach der Getreideernte die Stoppelfelder abgebrannt, einerseits um Ungeziefer zu vertilgen, andererseits um dem Boden Nährstoffe zuzuführen. Die armen Landarbeiter durften die nach dem Abbrennen übrig gebliebenen Körner auflesen. Das daraus gewonnene Mehl hatte einen aschfarbenen Ton und einen rauchigen Röstgeschmack. Es wurde zur Herstellung von Pasta nera verwendet.
Heute wird das gebrannte Mehl aus dem Grano arso selbstredend nicht mehr so mühsam hergestellt. Es schmeckt weniger süßlich, etwas nussig und hat einen leicht bitteren Geschmack im Abgang.

Pilze

Wenn ich Pilze in die Hand nehme und an ihnen rieche, steigen Bilder meiner Kindheit vor meinem inneren Auge auf: Pilzplätze, die wie ein Geheimnis gehütet wurden und die ich erwartungsfroh und atemlos in den Wäldern ansteuerte. Ich habe gelernt, dass der Wettlauf gegen die Würmer in Laubwäldern eher zu gewinnen ist als in Nadelwäldern, oder dass die Kappen der Steinpilze auf Lichtungen und an Waldrändern dunkler sind.
Zu Hause haben wir die guten geröstet, die wurmstichigen getrocknet und später im Jahr mit Nudeln oder in der Suppe verspeist – das war dann noch mal eine Erinnerung an die kurze, sommerliche Hitze, an flirrende Luft und an den Geruch von Heu. (H. H.)

Nudel-Pfifferling-Salat mit gereiftem Vinschger Bergkäse

Juli bis Oktober

Zutaten
240 g frische Pfifferlinge
Olivenöl
Salz
50 g geschmorte Zwiebeln (siehe Seite 208)
160 g Nudelteig (siehe Seite 209)
verschiedene Salate oder Kräuter (z. B. Senfkohlblätter, kleine Spinatblätter, Frisée, Basilikum …)
100 g gereifter Vinschger Bergkäse, gehobelt
10 EL Salatvinaigrette (siehe Seite 208)

Zubereitung

Die Pfifferlinge putzen, eventuell zerkleinern und kurz in Olivenöl anschwitzen. Mit Salz und geschmorten Zwiebeln würzen.
Den Nudelteig dünn ausrollen, in 8 x 20 cm große Rechtecke schneiden und in Salzwasser 3 Minuten kochen.

Fertigstellung

Die Salate waschen, trocken schleudern und nach Belieben in kleine Stücke zupfen. Auf jeden Teller ein Nudelblatt legen, die Pfifferlinge darauf verteilen und mit einem weiteren Nudelblatt abdecken. Mit Pfifferlingen, Salaten und Käsespänen garnieren und mit Vinaigrette beträufeln.

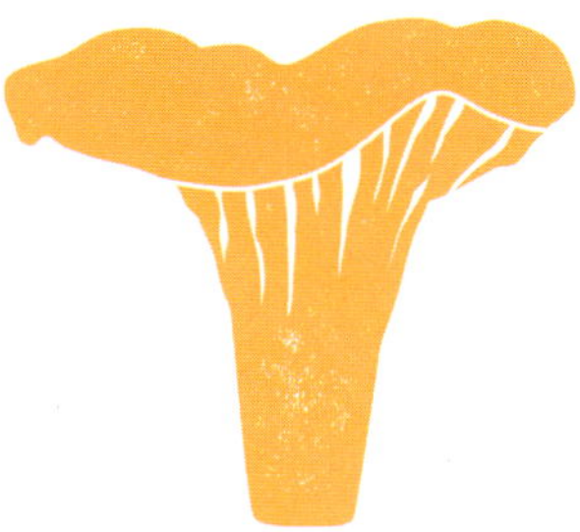

Kartoffelrösti mit marinierten Steinpilzen

September bis Oktober

Zutaten
4 mittelgroße festkochende Kartoffeln
Salz
Sonnenblumenöl
4 mittelgroße Steinpilze
Olivenöl
Knoblauchöl (siehe Seite 209)
verschiedene Salatblätter (z. B. Eichblatt, Frisée, Rucola, Rohnenblätter)
80 g Gran Kinara, gehobelt (oder andere Parmesan-Alternative)

Zubereitung

Die Kartoffeln schälen, waschen, in dünne Streifen schneiden und salzen. Portionsweise in einer beschichteten Pfanne (Ø 20 cm) mit etwas Sonnenblumenöl auf beiden Seiten goldgelb braten. Auf Küchenpapier abtropfen lassen und warm stellen. Die Steinpilze putzen und in dünne Scheiben schneiden. Mit etwas Salz, Oliven- und Knoblauchöl marinieren.

Fertigstellung

Die Rösti auf die Teller geben und die marinierten Steinpilze darauf anrichten. Mit Salatblättern und Gran Kinara garnieren.

Knollenziest

Harald Gasser hat uns für unser Restaurant dieses alte Gemüse erschlossen. Er baut auf seinem Aspingerhof im Eisacktal (www.aspinger.com) rund 800 teilweise fast vergessene Gemüse- und Pflanzensorten an, vieles echte Raritäten. In Südtirol war der Knollenziest (wissenschaftlich: Stachys) früher nicht heimisch. Er stammt ursprünglich aus China und wurde im 18. Jahrhundert vor allem in Norddeutschland und Dänemark angebaut, bis er Krankheiten zum Opfer fiel. Von der französischen Stadt Crosne aus verbreitete er sich im 19. Jahrhundert wieder stärker, deshalb wird er auch Crosny genannt.
Die kleine Knolle ist schwer zu putzen, aber auf dem Teller eine interessante Abwechslung zur Kartoffel: Sie hat eine andere Konsistenz, einen festeren Biss bzw. ist knackiger. Angeröstet entfaltet der Knollenziest einen angenehm nussigen Geschmack.

Pfifferling-Steinpilz-Suppe mit Knollenziest

Juli bis Oktober

Zutaten
200 g Pfifferlinge
200 g Steinpilze
200 g Perlzwiebeln
Olivenöl
1 l Gemüsefond (siehe Seite 208)
100 g Knollenziest
2 EL Knoblauchöl (siehe Seite 209)
Petersilie, fein geschnitten
Thymian, fein geschnitten
Salz
50 g Gran Kinara, gehobelt (oder andere Parmesan-Alternative)

Zubereitung

Die Pilze putzen und in beliebig große Stücke schneiden. Die Perlzwiebeln schälen, in dünne Spalten schneiden und zusammen mit den Pilzen in Olivenöl andünsten. Mit dem Gemüsefond aufgießen. Den Knollenziest gut waschen. Zusammen mit dem Knoblauchöl zur Suppe geben und ungefähr 7 Minuten köcheln lassen. Mit Petersilie, Thymian und Salz würzen.

Fertigstellung

Die Suppe in tiefe Teller gießen und mit Gran Kinara garnieren.

Risotto mit Totentrompeten

September
bis November

Zutaten
300 g Risottoreis
(z. B. Carnaroli)
Olivenöl
1 l heißer Gemüsefond
(siehe Seite 208)
Salz
80 g Gran Kinara,
gerieben (oder andere
Parmesan-Alternative)
30 g kalte Butter
200 g Totentrompeten
Schnittlauch,
fein geschnitten

Zubereitung

Reis in etwas Olivenöl anschwitzen und mit so viel heißem Gemüsefond aufgießen, dass der Reis bedeckt ist. Unter ständigem Rühren 12–14 Minuten kochen lassen, dabei immer wieder Gemüsefond angießen. Salzen, vom Herd nehmen und Gran Kinara und Butter unterrühren.
Die Totentrompeten putzen und kurz in Olivenöl anschwitzen. Mit Salz würzen.

Fertigstellung

Den Risotto auf die Teller geben und die Totentrompeten darauf anrichten. Mit Schnittlauch garnieren.

Tipps

Schneiden Sie die Totentrompeten zum Putzen am besten durch, dann können Sie sicher sein, dass sich im hohlen Stiel keine Tierchen oder sonstige Waldreste befinden.
Wenn Sie, nachdem Sie den Risotto auf die Teller verteilt haben, mit der Hand auf die Tellerunterseite klopfen, verteilt sich der Risotto schön gleichmäßig auf dem Teller.

Pochiertes Ei mit Shiitakepilzen auf Nudelblatt

ganzjährig

Zutaten
150 g Nudelteig (siehe Seite 209)
200 g Shiitakepilze
Olivenöl
Knoblauchöl (siehe Seite 209)
Salz
4 Eier
1 EL Essig
100 g Kartoffeln, in kleine Würfel geschnitten
Sonnenblumenöl
100 g Buttersauce (siehe Seite 208)
100 g Parmesan, gehobelt
50 g Schnittlauch, fein geschnitten

Zubereitung

Den Nudelteig dünn ausrollen und in 20 x 20 cm große Quadrate schneiden. In Salzwasser ungefähr 3 Minuten kochen lassen, abseihen und auf ein Küchentuch legen.
Die Shiitakepilze putzen, den Stiel herausdrehen und in Streifen schneiden. In Oliven- und Knoblauchöl kurz und kräftig anbraten, salzen.
Die Eier vorsichtig aufschlagen und jeweils in eine kleine Tasse geben. In einem Topf Wasser mit Essig zum Kochen bringen und die Temperatur so weit reduzieren, dass das Wasser nur noch ganz leicht kocht. Mit einem Kochlöffel umrühren und die Eier nach und nach vorsichtig in den Strudel gleiten lassen, der sich dabei bildet. Ungefähr 3 Minuten gar ziehen lassen.
Die Kartoffelwürfel im 160 Grad heißen Öl frittieren, herausnehmen und auf Küchenpapier entfetten lassen. Die Buttersauce vorsichtig erwärmen.

Fertigstellung

Auf jeden Teller ein Nudelblatt legen und das pochierte Ei daraufsetzen. Mit Buttersauce beträufeln und mit Shiitakepilzen, Kartoffelwürfeln, Parmesan und Schnittlauch garnieren.

Tipps

Das Wasser sollte während des Pochierens auf keinen Fall wallend kochen, sondern nur leicht köcheln.
Achten Sie darauf, dass die Eier frisch und gut gekühlt sind.

Als Zuchtpilze sind Shiitakepilze praktisch ganzjährig zu bekommen und sie müssen dafür auch nicht um die halbe Welt reisen. In Südtirol beispielsweise züchten zwei junge Bauern auf ihrem „Hof im Thal" in Aldein Bio-Shiitakepilze und Bio-Seitlinge (www.kirnig.com). Auch wenn es keine Waldpilze sind, liefern sie doch in Monaten, in denen sonst keine Pilze wachsen, eine Ahnung von Wald und ein feines Pilzaroma.

Tipps

Damit die Farfalle schön einheitlich werden, sollten Sie ein Lineal verwenden. Schneiden Sie den Teig, wenn Sie kein gewelltes Teigrad besitzen, einfach mit dem Messer glatt ab.

Da der Nudelteig sehr schnell austrocknet, sollten Sie ihn portionsweise verarbeiten.

Lassen Sie die Farfalle vor dem Kochen 10–15 Minuten antrocknen, damit sie beim Kochen nicht die Form verlieren.

Je mehr Nudelkochwasser Sie zum Pesto geben, desto flüssiger wird es.

Farfalle mit Schwarzkohlpesto

Dezember bis März

Für den Schwarzkohlpesto
240 g Schwarzkohl
80 g Olivenöl
20 g Gran Kinara, gerieben (oder andere Parmesan-Alternative)

Für die Farfalle
600 g Nudelteig (siehe Seite 209)
Schwarzkohlblätter
Olivenöl
Salz
Haselnüsse, gehackt

Zubereitung

Den Schwarzkohl von den dicken Stielenden befreien und in Salzwasser 1 Minute blanchieren. Abschrecken und auf einem Küchentuch abtropfen lassen. Mit Olivenöl und Gran Kinara pürieren.
Den Nudelteig dünn ausrollen, in etwa 3 cm breite Streifen schneiden und mit einem Teigrad 4 cm lange Rechtecke abradeln. Die Rechtecke mit Daumen und Zeigefinger in der Mitte (wie bei einer Ziehharmonika) fest zusammendrücken, sodass die Schmetterlingsform entsteht.

Fertigstellung

Die Schwarzkohlblätter in etwas Olivenöl dünsten und mit Salz würzen.
Die Farfalle in Salzwasser etwa 2 Minuten kochen lassen. Mit einer Schaumkelle herausnehmen und in eine große Pfanne geben. Schwarzkohlpesto und etwas Nudelkochwasser dazugeben und die Nudeln al dente garen. Die Farfalle auf die Teller verteilen und mit gedünstetem Schwarzkohl und Haselnüssen garnieren.

Tipps

Sie können die Farfalle auch mit geriebenem Bergkäse bestreuen.
Sollten Sie keinen Schwarzkohl bekommen, können Sie ihn durch Grünkohl ersetzen.

Mit Bergkäse überbackener Sprossenkohl auf angebratenen Zwiebelringen

September
bis Februar

Zutaten
20 Sprossenkohlröschen (Rosenkohlröschen)
Salz
Olivenöl
Schnittlauch, fein geschnitten
50 g geschmorte Zwiebeln (siehe Seite 208)
100 g Gemüsefond (siehe Seite 208)
2 mittelgroße rote Tropea-Zwiebeln
100 g Bergkäse, in feine Würfel geschnitten
blanchierte Sprossenkohlblätter (Rosenkohlblätter)

Zubereitung

Den Sprossenkohl gut waschen und den Strunk großzügig abschneiden. Die äußeren Blätter entfernen und beiseitestellen. Den Sprossenkohl mithilfe eines Parisienne-Ausstechers vorsichtig von oben aushöhlen und die Röschen in Salzwasser garen. Das ausgestochene Innere klein schneiden und in Olivenöl farblos anschwitzen. Mit Salz und Schnittlauch abschmecken, in die Sprossenkohlröschen füllen und beiseitestellen. Die äußeren Sprossenkohlblätter klein schneiden. Mit Olivenöl und geschmorten Zwiebeln dünsten. Mit dem Gemüsefond aufgießen, salzen und ungefähr 10 Minuten garen. Im Mixer fein pürieren und bei Bedarf etwas Olivenöl unterrühren. Bis zur Verwendung warm stellen. Die Zwiebeln schälen, in Scheiben schneiden und in Olivenöl vorsichtig anbraten, damit sie nicht auseinanderfallen. Mit Salz würzen.

Fertigstellung

Die gefüllten Sprossenkohlröschen mit Bergkäsewürfeln belegen und im auf 140 Grad vorgeheizten Backofen gratinieren. Die Zwiebelscheiben auf die Teller verteilen und auf jede ein überbackenes Sprossenkohlröschen setzen. Mit Sprossenkohlcreme beträufeln und mit blanchierten Sprossenkohlblättern garnieren.

Soufflierter Kräuterknödel mit gefülltem Wirsing

Mai bis Februar

Für den soufflierten Kräuterknödel
50 g Zwiebeln
Olivenöl
3 EL Kräuter (Petersilie, Basilikum, Thymian, Majoran), fein geschnitten
300 g Weißbrot (vom Vortag), in Würfel geschnitten
3 Eigelb
100 g Milch
Salz
3 Eiweiß

Für den gefüllten Wirsing
8 große Wirsingblätter
Salz
3 Tropea-Zwiebeln
Olivenöl
120 g Gran Kinara, gerieben (oder andere Parmesan-Alternative)

Zum Anrichten
200 g Buttersauce (siehe Seite 208)
50 g Schnittlauch, fein geschnitten

Zubereitung

Die Zwiebeln in feine Würfel schneiden und in Olivenöl farblos anschwitzen. Mit den gehackten Kräutern zu den Brotwürfeln geben. Eigelb und Milch zufügen und alles gut miteinander vermengen. Mit Salz würzen. Das Eiweiß steif schlagen und vorsichtig unter die Knödelmasse heben.
Eine Kastenform mit Butterbrotpapier auslegen. Die Knödelmasse hineinfüllen und mit dem überstehenden Papier abdecken. Bei 120–140 Grad im vorgeheizten Backofen etwa 30 Minuten garen. In der Form auskühlen lassen und stürzen.
Die Wirsingblätter etwa 5 Minuten in Salzwasser blanchieren und in Eiswasser abschrecken. Die Tropea-Zwiebeln schälen, in dünne Streifen schneiden und in Olivenöl etwa 5 Minuten farblos anschwitzen. Mit Salz würzen.
Die Wirsingblätter mit einem scharfen Messer in 12 x 12 cm große Quadrate schneiden und beiseitestellen. Die Abschnitte in feine Streifen schneiden, in Olivenöl andünsten und mit Salz würzen. Die Wirsingblätter mit einem Teil der gedünsteten Zwiebel- und Wirsingstreifen füllen, aufrollen, mit Gran Kinara bestreuen und warm stellen.

Fertigstellung

Den ausgekühlten Kräuterknödel in 2 cm dicke Scheiben schneiden und auf allen Seiten gut anbraten. Die Buttersauce erwärmen, Schnittlauch unterrühren.
Auf jeden Teller eine Knödelscheibe legen. Je eine Wirsingrolle darauf und eine daneben anrichten. Mit Zwiebel- und Wirsingstreifen sowie der Schnittlauchsauce garnieren.

Mit Sauerkraut gefüllte Kartoffelknödel

Herbst und Winter

Zutaten
300 g mehlige Kartoffeln
200 g Butter
2 Eigelb
Salz
120 g Mehl
30 g Kartoffelstärke
500 g Sauerkraut
100 g geschmorte Zwiebeln (siehe Seite 208)
3 Lorbeerblätter
10 Wacholderbeeren
Olivenöl
Sonnenblumenöl

Zum Anrichten
2 Radieschen
Schnittlauch

Zubereitung

Die Kartoffeln mit Schale kochen, schälen, durch ein Haarsieb streichen und etwas abkühlen lassen. 100 g Butter, Eigelb und Salz dazugeben und alles zu einer homogenen Masse vermengen. Das Mehl und die Kartoffelstärke vorsichtig einarbeiten und die Masse abgedeckt 30 Minuten im Kühlschrank ruhen lassen.
Die Hälfte des Sauerkrauts in lauwarmem Wasser waschen und gut ausdrücken. Die geschmorten Zwiebeln, Lorbeerblätter und Wacholderbeeren in Olivenöl andünsten. Das gewaschene und das ungewaschene Sauerkraut dazugeben, mit Wasser bedecken und etwa 30 Minuten köcheln lassen.
Die restliche Butter in einem Topf langsam aufkochen lassen und den Schaum so lange vorsichtig abschöpfen, bis die Butter klar ist und nicht mehr sprudelt. Über das gekochte Sauerkraut gießen und auskühlen lassen.
Den Kartoffelteig auf einer bemehlten Arbeitsfläche ungefähr 3 mm dick ausrollen und Kreise (Ø 10 cm) ausstechen. In die Mitte der Kreise etwas Sauerkraut geben, den Teig über die Füllung schlagen und Knödel formen. Im 160 Grad heißen Sonnenblumenöl frittieren.

Fertigstellung

Auf jeden Teller drei kleine Häufchen Sauerkraut geben und die frittierten Kartoffelknödel darauf anrichten. Mit Radieschen und Schnittlauch garnieren.

⟶

Sauerkrautlasagnette mit Senfbutter

Herbst und Winter

Für die Sauerkraut-lasagnette
160 g Sauerkraut
2 Lorbeerblätter
5 Wacholderbeeren
Olivenöl
Salz
750 g Gemüsefond (siehe Seite 208)
30 g Butter
240 g Nudelteig (siehe Seite 209)

Für die Senfbutter
120 g Gemüsefond (siehe Seite 208)
240 g kalte Butter, in Würfel geschnitten
40 g Dijonsenf
20 g Pommerysenf
Salz

Zum Anrichten
Radieschen, in feine Streifen geschnitten
Petersilie

Zubereitung

Das Sauerkraut mit lauwarmem Wasser waschen und gut ausdrücken. Die Lorbeerblätter und Wacholderbeeren in etwas Olivenöl anrösten, das Sauerkraut dazugeben, salzen und mit dem Gemüsefond aufgießen. Etwa 30 Minuten köcheln lassen und etwas Flüssigkeit abgießen. Die Butter klären, über das Sauerkraut gießen und gut unterrühren. Auskühlen lassen und die Lorbeerblätter und Wacholderbeeren entfernen.
Den Nudelteig dünn ausrollen und in gleich große Rechtecke schneiden. Auf die Hälfte der Rechtecke etwas Sauerkraut geben, die Teigränder mit Wasser bestreichen, mit den restlichen Rechtecken abdecken und die Ränder gut andrücken. In Salzwasser 3–4 Minuten garen.

Fertigstellung

Den Gemüsefond zum Kochen bringen, die kalte Butter einrühren und beide Senfsorten dazugeben. Mit Salz würzen. Die gefüllten Nudelblätter auf Tellern zur Lasagne aufschichten. Mit Senfbutter beträufeln und mit Radieschen und Petersilie garnieren.

Schwarzplentlasagnette mit Bauernbrot und Lauchcreme

ganzjährig

Für die Schwarzplent-lasagnette
200 g feines Buchweizenmehl (Schwarzplent)
200 g Mehl
30 g Wasser
2 Eier
5 g Salz
150 g Spinat, gekocht
360 g Topfen (Quark)
50 g geschmorte Zwiebeln (siehe Seite 208)

Für die Lauchcreme
150 g Lauch (nur den grünen Teil)
30 g Kartoffeln
25 g Zwiebeln
Olivenöl
Salz
60 g Wasser
80 g Sahne

Zum Anrichten
100 g Butter
200 g Bauernbrot, in Würfel geschnitten und geröstet
120 g Bergkäse, gerieben
4 EL Schnittlauch, fein geschnitten

Zubereitung

Beide Mehlsorten auf einer Arbeitsplatte vermengen, in die Mitte eine Mulde hineindrücken, Wasser, Eier und Salz hineingeben. Mit einer Gabel von innen nach außen mit dem Mehl vermengen. Mit den Händen zu einem glatten Teig verkneten. Den Teig in Klarsichtfolie wickeln und mindestens 1 Stunde ruhen lassen. Den gekochten Spinat fein hacken und mit Topfen und geschmorten Zwiebeln vermengen.
Mit Salz würzen. Den Nudelteig mit der Nudelmaschine dünn ausrollen, 24 Kreise (Ø 12 cm) ausstechen und die Ränder mit Wasser bestreichen. Auf die Hälfte der Teigkreise etwas Spinat-Topfen-Füllung geben, mit den restlichen Teigkreisen abdecken und die Ränder gut andrücken. In Salzwasser 3–4 Minuten garen.
Den Lauch putzen, die Kartoffeln und Zwiebeln schälen. Alles in feine Scheiben schneiden, in Olivenöl farblos anschwitzen und mit Salz würzen. Mit dem Wasser aufgießen und so lange dünsten, bis das Gemüse weich ist. Mit der Sahne im Mixer fein pürieren.

Fertigstellung

Die Butter schmelzen lassen. Die Lauchcreme auf die Teller geben und die Nudelblätter übereinanderschichten. Mit den gerösteten Brotwürfeln belegen und mit Bergkäse und Schnittlauch bestreuen. Mit der zerlassenen Butter beträufeln.

Buchweizen – in Südtirol sagen wir Schwarzplent – galt lange als der Sattmacher für arme Leute: Dieses Pseudogetreide wurde früher in Südtirol vor allem im Eisacktal ausgesät, meist nachdem im Juli der Weizen eingebracht war. So konnten die Bauern im Oktober noch mal ernten: Der wertvollere Weizen wurde verkauft, vom Buchweizen hat man sich selbst ernährt.

Schupfnudeln mit Schüttelbrot

Winter

Zutaten
500 g mehlige Kartoffeln
120 g Butter
Salz
2 Eigelb
120 g Mehl
20 g Kartoffelstärke
80 g Schüttelbrotbrösel
Lauch, in Streifen geschnitten
Olivenöl
Lauchcreme (siehe Seite 156)
Schüttelbrot, in Stücke gebrochen

Zubereitung

Die Kartoffeln mit Schale weich kochen, ausdämpfen lassen, heiß schälen und durch die Kartoffelpresse drücken. Mit 50 g Butter und Salz glatt rühren. Auskühlen lassen. Eigelb, Mehl und Kartoffelstärke einarbeiten und alles zu einem geschmeidigen Teig verkneten. Auf einer bemehlten Arbeitsfläche den Teig zu fingerdicken Rollen formen und in 4–5 cm lange Stücke schneiden. Mit der Hand zu Schupfnudeln formen, die an den Enden spitz zulaufen. Die Nudeln mit der restlichen Butter in einer beschichteten Pfanne abschmälzen. Die Schüttelbrotbrösel dazugeben und die Nudeln vorsichtig durchschwenken.

Fertigstellung

Den Lauch in etwas Olivenöl dünsten. Etwas Lauchcreme auf die Teller geben und die Schupfnudeln darauf verteilen. Mit Lauch und Schüttelbrot garnieren.

Tipp

Verwenden Sie für den Kartoffelteig auf keinen Fall die Küchenmaschine. Der Teig wird sonst zäh und klebrig.

Risotto mit mariniertem Chicorée

November bis März

Zutaten
28 Chicoréeblätter (etwa 2 Chicorée)
200 g Orangensaft
15 g rosa Pfeffer
300 g Risottoreis (z. B. Carnarolo)
2 EL Olivenöl
1 l Gemüsefond (siehe Seite 208)
Salz
150 g kalte Butter
160 g Gran Kinara, gerieben (oder andere Parmesan-Alternative)
40 g Haselnüsse, grob gehackt

Zubereitung

Die Chicoréeblätter mit Orangensaft und rosa Pfeffer etwa 12 Stunden (am besten über Nacht) zugedeckt im Kühlschrank marinieren lassen.
Den Risottoreis mit etwas Olivenöl anschwitzen und mit so viel heißem Gemüsefond aufgießen, dass der Reis bedeckt ist. Mit Salz würzen. Wenn die Flüssigkeit verdampft ist, erneut mit Gemüsefond aufgießen. Unter ständigem Rühren 12–13 Minuten kochen lassen. Vom Herd nehmen und Butter und Gran Kinara unterrühren.

Fertigstellung

Den Chicorée ganz leicht erwärmen, aus der Marinade nehmen und die Flüssigkeit auf die Hälfte einkochen lassen. Den Risotto auf Teller verteilen und den Chicorée darauf anrichten. Mit den gehackten Haselnüssen garnieren und mit der reduzierten Chicoréemarinade beträufeln.

Ravioli von Kloazn- oder Johannisbrotmehl

ganzjährig

Zutaten
50 g Mehl
50 g Kloazn*- oder Johannisbrotmehl
30 g Hartweizenmehl (Farina di Grano duro)
1 Ei
200 g Kartoffeln
Salz
50 g weiche Butter
80 g Graukäse
Pfeffer

Zum Anrichten
100 g Butter
Kloaznmehl
Graukäse, in Würfel geschnitten
Schnittlauch, fein geschnitten

Zubereitung

Die verschiedenen Mehlsorten mit dem Ei zu einem geschmeidigen Teig verkneten. Den Teig in Klarsichtfolie wickeln und 2 Stunden ruhen lassen.
Die Kartoffeln schälen, in Salzwasser kochen, abgießen und durch ein Sieb passieren. Die Butter unterrühren und den Graukäse dazugeben. Mit Salz und Pfeffer würzen.
Den Teig mit der Nudelmaschine dünn ausrollen und Kreise (Ø 15 cm) ausstechen. Etwas von der Füllung in die Mitte der Kreise geben, die Teigränder mit Wasser bestreichen und über der Füllung zusammendrücken.

Fertigstellung

Die Butter schmelzen lassen. Die Ravioli etwa 3 Minuten in Salzwasser garen, auf Teller verteilen und mit der zerlassenen Butter beträufeln. Mit Kloaznmehl, Graukäse und Schnittlauch garnieren.

Tipp

Kloaznmehl wird aus getrockneten Birnen hergestellt. Sie finden es in Südtirol auf Bauernmärkten oder in gut sortierten Feinkostgeschäften. Falls nicht, können Sie es durch Johannisbrotmehl (Boxelemehl) ersetzen.

*Früher standen vor vielen Südtiroler Bergbauernhöfen Birnbäume. In meinem Dorf, auf rund 1300 m Höhe, schafften es die Früchte nicht bis zur Reife und wurden grün gepflückt. So machten sie uns Kindern wenig Freude: Sie waren hart, schwer zu kauen, kratzten im Mund und entfalteten noch wenig Süße. Deshalb wurden sie zehn bis vierzehn Tage auf dem Dachboden zum Nachreifen ausgelegt, dann klein geschnitten und nach dem Brotbacken – was damals nur wenige Male im Jahr gemacht wurde – im großen gemauerten, noch warmen Backofen getrocknet. Ein Teil blieb länger im Ofen – diese steinharten *Kloazn* konnten dann gemahlen werden. Das ergab den Süßstoff der Bauern – Zucker war unerschwinglich. Daran erinnere ich mich immer, wenn ich heute Kloaznmehl in den Nudelteig mische, um ihm einen besonderen Akzent zu verleihen. (H. H.)

Zwiebelsuppe mit Zitronen-Frischkäse-Fagottini

Winter

Für die Suppe
200 g Zwiebeln
2 Lorbeerblätter
Olivenöl
20 g Butter
Salz
100 g Weißwein
1 l Gemüsefond (siehe Seite 208)
120 g Sahne

Für die Zitronen-Frischkäse-Fagottini
120 g Ziegenfrischkäse
1 Zitrone, Schale
Salz
200 g Nudelteig (siehe Seite 209)

Zum Anrichten
4 Perlzwiebeln
10 g Rosmarin, fein gehackt
Olivenöl
Schnittlauchöl (siehe Seite 207)

Zubereitung

Die Zwiebeln schälen, in feine Würfel schneiden und zusammen mit den Lorbeerblättern in Olivenöl und Butter farblos anschwitzen. Mit Salz würzen. Mit Weißwein ablöschen und die Flüssigkeit einkochen lassen. Den Gemüsefond angießen und die Suppe etwa 30 Minuten köcheln lassen. Kurz vor dem Ende der Garzeit die Sahne dazugeben und kurz mitköcheln lassen. Die Suppe mit Salz abschmecken. Den Frischkäse glatt rühren und mit abgeriebener Zitronenschale und Salz würzen. Den Nudelteig dünn ausrollen und Kreise (Ø 8–10 cm) ausstechen. Etwas Frischkäsefüllung in die Mitte setzen, die Teigränder mit Wasser bestreichen und über der Füllung zu Säckchen zusammendrücken. Fagottini in Salzwasser 3–4 Minuten kochen.

Fertigstellung

Die Perlzwiebeln schälen, in Spalten schneiden und mit Rosmarin in Olivenöl anschwitzen. Etwas Wasser zufügen und weich dünsten.
Die Suppe auf die Teller verteilen, die Fagottini und die gedünsteten Perlzwiebeln darauf anrichten und mit Schnittlauchöl beträufeln.

Tipps

Wenn Sie keinen Ziegenfrischkäse mögen, verwenden Sie einen anderen Frischkäse.
Sie können die Suppe noch mit gehobeltem Gran Kinara (Parmesan-Alternative) oder Bergkäse bestreuen.

Süße Früchte

Wie habe ich es als Bub genossen, wenn wir im Frühsommer talauswärts ins nächstgelegene größere Dorf im Pustertal, nach Welsberg, fuhren und dort auf dem Markt frische Erdbeeren kauften: Allein schon der Geruch der Früchte hat mich fasziniert und schließlich der Genuss, in diese großen, süßen Früchte zu beißen, die damals noch nicht von weiß Gott woher angekarrt worden waren. Bei uns in Gsies gab es „nur" die winzigen, aber natürlich sehr aromatischen Walderdbeeren.
In Südtirol haben wir heute das Glück, dass in einigen höheren Lagen, vor allem im Martelltal, Erdbeeren angebaut werden. Das bedeutet, dass wir noch im August, wenn die Erdbeerzeit eigentlich vorbei ist, köstliche, feste, auf bis zu 1700 m Höhe gereifte regionale Früchte bekommen. (H. H.)

Vegane Schokoladenmousse mit Erdbeeren und Orangen

April bis Mai

Zutaten
3 Orangen
20 g Zucker
400 g Erdbeeren
240 g Schokolade (70 % Kakao)
200 g kochendes Wasser
Meersalzflocken
200 g Erdbeer-Coulis (siehe Tipp)
Minze

Zubereitung

Eine Orange so schälen, dass keine weiße Haut an der Schale bleibt, und die Schale in feine Streifen schneiden, den Saft auspressen. Die Orangenzesten in kochendes Wasser geben, etwa 5 Minuten köcheln lassen und abseihen. Zusammen mit Orangensaft und Zucker einkochen lassen.
Die restlichen Orangen filetieren, die Erdbeeren waschen, verlesen und halbieren.
Die Schokolade zerkleinern und in eine Metallschüssel geben. Das kochende Wasser darübergießen und mit einem Schneebesen so lange rühren, bis sich die Schokolade aufgelöst hat. Über dem Eisbad schön cremig aufschlagen.

Fertigstellung

Orangenfilets, Erdbeeren und Orangenzesten auf Teller verteilen. Eine Nocke Schokoladenmousse in die Mitte setzen und mit Meersalzflocken, Erdbeer-Coulis und Minze garnieren.

Tipp

Für die Erdbeer-Coulis werden die gewaschenen Erdbeeren zerkleinert, mit etwas Zucker und Zitronensaft vermischt und im Mixer püriert. Dann durch ein feines Sieb passieren.

Die Erkenntnis, dass man Schokomousse auch ganz ohne Eier, Sahne und andere tierische Produkte machen kann, war für mich eine echte Entdeckung. Mit dieser Mousse, in der die Schokolade ganz pur und trotzdem cremig daherkommt, habe ich selbst für meine veganen Gäste ein leichtes und köstliches Dessert. (D. H.)

Tipp
Für den Läuterzucker kochen Sie 2 Teile Wasser mit 1 Teil Zucker auf.

*Wenn im April die Spargelernte auf den Feldern in vollem Gange ist, werden auch die ersten Rhabarberstangen angeboten. Die Saison geht etwa bis Juni. Auch wenn der Rhabarber kein Obst, sondern ein Frühlingsgemüse ist, eignet er sich vorzüglich für Kompotte und Kuchen. In der Küche sind etwa 10–15 Sorten interessant, grundsätzlich gilt: Rote Stangen mit rotem Fruchtfleisch – etwa der Erdbeerrhabarber – sind milder, weniger säurebetont und schmecken nicht so bitter wie grüne.

Rhabarber-Erdbeer-Tiramisu mit Topfenmousse

April bis Juni

Für den eingelegten Rhabarber
2 große Stangen Erdbeerrhabarber*
500 g Läuterzucker (siehe Tipp Seite 170)
etwas Zitronenschale
100 g Himbeeren
1 Zimtstange

Für die Topfenmousse
200 g Sahne
7 g Vanillezucker
250 g Topfen (Quark)
50 g Zucker
3 g Agar-Agar

Für den Biskuit
3 Eier
30 g Zucker
40 g Mehl
10 g ungesüßtes Kakaopulver

Zum Anrichten
400 g Erdbeeren
Minze
Staubzucker (Puderzucker)

Zubereitung

Den Rhabarber schälen und in etwa 1 cm breite Stücke schneiden. Die Schalen zusammen mit Läuterzucker, Zitronenschale, Himbeeren und Zimt aufkochen und 15 Minuten köcheln lassen. Abseihen und die Rhabarberwürfel 5–7 Minuten in diesem Fond garen. Im Kühlschrank über Nacht auskühlen lassen.
Die Sahne mit dem Vanillezucker steif schlagen. Topfen mit Zucker vermischen und erwärmen. Agar-Agar einrühren und 1 Minute köcheln lassen. Die Masse in einer Schüssel auskühlen lassen, mit einem Schneebesen glatt rühren und die geschlagene Sahne unterheben. Die Topfenmousse in einen Spritzbeutel füllen. Eier und Zucker schaumig schlagen. Mehl und Kakaopulver sieben und vorsichtig unter die Ei-Zucker-Masse heben. Die Masse etwa 1 cm dick auf ein mit Backpapier ausgelegtes Backblech streichen und bei 160 Grad (Umluft) 10–12 Minuten backen. Das Backpapier abziehen und den Biskuit auf einer mit Zucker bestreuten Oberfläche auskühlen lassen. 8 Kreise (Ø 10 cm) ausstechen.

Fertigstellung

Die Erdbeeren in Stücke schneiden und mit dem Rhabarber vermischen. Je einen Biskuitkreis auf die Teller legen, etwas Erdbeer-Rhabarber-Kompott in die Mitte geben und die Topfenmousse als Tupfen rundherum aufspritzen. Mit einem zweiten Biskuitkreis belegen. Den Vorgang wiederholen. Mit dem restlichen Kompott, Topfenmousse, Minze und Staubzucker garnieren.

Kirsch-Tartelettes mit Haselnusscreme und Kirschsorbet

Juni bis August

Für die Tartelettes
135 g Mehl
15 g grob gemahlene Haselnüsse
75 g weiche Butter
6 g Backpulver
30 g Eigelb
60 g brauner Zucker
1 TL Zimt

Für die Haselnusscreme
100 g Haselnusskerne
100 g Wasser
35 g Zucker
8 g ungesüßtes Kakaopulver
215 g Sahne

Für Kirschsorbet und -sauce
1 kg Kirschen, entsteint
100 g Zucker
200 g Wasser
½ Zitrone, Saft
1 EL Speisestärke

Zum Anrichten
Schokolade
28 Kirschen, entsteint und halbiert
2 Haselnusskerne, blättrig geschnitten
Minze
Haselnuss-Crumble (siehe Tipp Seite 175)

Zubereitung

Mehl, gemahlene Haselnüsse, Butter und Backpulver in der Küchenmaschine verkneten. Eigelb, Zucker und Zimt über dem heißen Wasserbad schaumig schlagen. Zur Mehlmischung geben und gut verkneten. Den Teig in Klarsichtfolie wickeln und im Kühlschrank 1 Stunde ruhen lassen. Auf einer gut mit Mehl bestreuten Arbeitsfläche etwa 2 mm dick ausrollen, Kreise ausstechen und die ausgebutterten Tartelette-Förmchen damit auslegen. Bei 170 Grad im vorgeheizten Backofen 6–7 Minuten goldbraun backen.
Die Haselnüsse mit dem Zucker karamellisieren. Wasser und Kakaopulver dazugeben und etwa 15 Minuten köcheln lassen. Die Hälfte der Sahne zufügen und so lange kochen, bis die Masse cremig ist. Mit der restlichen Sahne im Mixer pürieren und im Kühlschrank auskühlen lassen.
Die Hälfte der Kirschen mit Zucker, Zitronensaft und Wasser 10 Minuten kochen lassen. Im Mixer pürieren und durch ein feines Sieb streichen. Von der Flüssigkeit 200 g abnehmen und mit den restlichen Kirschen pürieren. In der Eismaschine gefrieren lassen.
Die restliche Flüssigkeit mit der Speisestärke verrühren und so lange kochen lassen, bis die Sauce cremig ist.

⟶

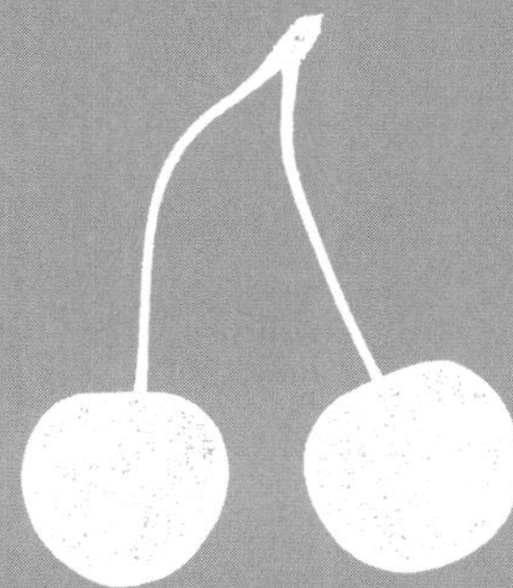

Fertigstellung

Die Schokolade über dem Wasserbad schmelzen lassen. Mit einem Pinsel dekorativ auf die Teller streichen. Mit der restlichen Schokolade die Tartelettes ausstreichen. Die Haselnusscreme in einen Spritzbeutel füllen und auf den Tartelettes verteilen. Die halbierten Kirschen darauflegen und die Tartelettes auf den Tellern anrichten. Etwas Haselnuss-Crumble auf die Teller geben und je eine Nocke Kirschsorbet daraufsetzen. Mit den restlichen Kirschen, Kirschsauce, Haselnussblättchen und Minze garnieren.

Tipps

Sie können die gemahlenen Haselnüsse auch durch gemahlene Mandeln ersetzen.
Für den Haselnuss-Crumble können Sie denselben Teig wie für die Tartelettes verwenden. Kneten Sie einfach etwas Kakaopulver unter und backen Sie den Teig im vorgeheizten Backofen bei 170 Grad etwa 6–7 Minuten. Nach dem Auskühlen können Sie den Keksboden dann fein zerbröseln.

Pochierte Pfirsiche mit Schokoladensorbet, Schokohippe und Himbeeren

Juni bis August

Für die pochierten Pfirsiche
6 Pfirsiche
1 l Wasser
300 g Zucker
10 g Zitronensäure (oder Saft von 1 Zitrone)

Für die Schokohippen
43 g Mehl
43 g Staubzucker (Puderzucker)
2 TL ungesüßtes Kakaopulver
1 Eiweiß
36 g flüssige Butter

Für das Schokoladensorbet
500 g Wasser
100 g Zucker
40 g ungesüßtes Kakaopulver
100 g dunkle Schokolade (70 % Kakao)
1 EL Sauerrahm

Zum Anrichten
200 g Himbeeren
20 g Staubzucker (Puderzucker)
1 Nektarine, in feine Streifen geschnitten
Minze
Staubzucker

Zubereitung

Die Pfirsiche in kochendem Wasser kurz blanchieren und in Eiswasser abschrecken. Die Haut abziehen und mit einem kleinen Ringausstecher den Kern entfernen. Wasser mit Zucker und Zitronensäure zum Kochen bringen. Die Pfirsiche darin bissfest garen. Aus dem Sud nehmen und 2 Pfirsiche mit 30 g Sud im Mixer fein pürieren. Eventuell mit Zucker abschmecken.

Mehl, Staubzucker, Kakaopulver und Eiweiß in einer Küchenmaschine verrühren, dabei langsam die flüssige Butter zugeben. Die Masse 30 Minuten im Kühlschrank ruhen lassen. Den Hippenteig mithilfe einer sternförmigen Schablone 2 mm dick auf ein mit Backpapier ausgelegtes Backblech streichen und im vorgeheizten Backofen bei 160 Grad etwa 6 Minuten backen. Auskühlen lassen.

Wasser mit Zucker und Kakaopulver aufkochen. Die Schokolade dazugeben und so lange rühren, bis sie sich aufgelöst hat. Etwas abkühlen lassen und den Sauerrahm unterrühren. In der Eismaschine gefrieren lassen.

Fertigstellung

100 g Himbeeren mit Staubzucker pürieren und durch ein feines Sieb streichen.

Pfirsich- und Himbeersauce kreisförmig auf die Teller geben und die pochierten Pfirsiche darauf platzieren. Mit Himbeersauce beträufeln, mit den Schokohippen belegen und Schokoladensorbet darauf anrichten. Mit Himbeeren, Nektarinen, Minze und Staubzucker garnieren.

Tipps

Verwenden Sie am besten Plattpfirsiche, die säureärmer und aromatischer sind als andere Sorten. Sie können die Zitronensäure auch durch den Saft von 1 Zitrone ersetzen.

Gewürzmarillen mit Blaubeerjoghurt und Vanilleeis

Juni bis August

Für das Vanilleeis
250 g Milch
250 g Sahne
2 Vanilleschoten
6 Eigelb
75 g Zucker

Für die Gewürzmarillen
400 g feste Marillen (Aprikosen)
70 g Zucker
5 g Koriandersaat
1 Sternanis
½ Zimtstange
4 Gewürznelken
20 g Butter
1 EL Marillenmarmelade
200 g Weißwein

Für den Blaubeerjoghurt
70 g Blaubeeren
120 g Joghurt

Zum Anrichten
200 g Blaubeeren
Minze
Staubzucker (Puderzucker)

Zubereitung

Milch und Sahne erhitzen. Die Vanilleschoten längs halbieren, das Mark herauskratzen und beides zur Milch-Sahne-Mischung geben. Vom Herd nehmen und 30 Minuten ziehen lassen. Die Vanilleschoten entfernen und die Milch-Sahne-Mischung aufkochen. Eigelb in einem Schlagkessel mit Zucker vermischen und die heiße Milch-Sahne-Mischung unterrühren. Die Masse über dem heißen Wasserbad zur Rose abziehen und in der Eismaschine gefrieren lassen.
Die Marillen halbieren und entkernen. Den Zucker leicht karamellisieren lassen. Koriander, Sternanis, Zimt, Nelken, Butter und Marillenmarmelade dazugeben und gut verrühren. Mit Weißwein ablöschen und die Marillen in dem Sud 5–8 Minuten garen. Auskühlen lassen. Die Marillen herausnehmen und bereitstellen. Den Sud durch ein Sieb passieren.
Die Blaubeeren mit 50 g Joghurt pürieren. Zum restlichen Joghurt geben und vorsichtig unterziehen.

Fertigstellung

Die Marillen ringförmig auf Tellern anrichten und je 50 g Blaubeeren in die Mitte geben. Je eine Nocke Vanilleeis auf den Blaubeeren platzieren. Die Marillen mit Marillensud und Blaubeerjoghurt beträufeln und mit Minze und Staubzucker garnieren.

Tipp

Nehmen Sie unbedingt sehr feste Marillen, da sie sonst beim Garen zu weich werden und zerfallen.

Marillen

*Säure und Frische sind wichtige Akzente meiner Küche. Da Zitronensaft und Essig schnell vertraut werden und für mich dann gewöhnlich schmecken, habe ich nach einer Alternative gesucht und sie gefunden: Sauerklee bringt in Verbindung mit seinen Waldaromen eine angenehme Frische und vor allem Abwechslung in ein Gericht. Für mich passt er auch hervorragend zu Zwetschgen. (D. H.)

Sauerklee-Eis mit marinierten Zwetschgen

August bis September

Für das Sauerklee-Eis
200 g Sauerklee*
1 Apfel (z. B. Kanzi)
100 g Läuterzucker (siehe Tipp)
Zitronensaft

Für die marinierten Zwetschgen
12 Zwetschgen (Pflaumen)
30 g Zucker
1 EL Butter
50 g Wasser
1 kleines Stück Zimtstange

Zum Anrichten
Sauerklee

Zubereitung

Den Sauerklee gründlich waschen und die holzigen Stiele entfernen. Den Apfel schälen, entkernen und in Würfel schneiden. Zusammen mit Sauerklee, Läuterzucker und Zitronensaft im Mixer langsam pürieren. Die Masse in eine Eismaschine füllen und gefrieren lassen.
Die Zwetschgen waschen, entsteinen und vierteln. Mit Zucker vermischen und etwa 30 Minuten ziehen lassen. Zusammen mit der Butter in einer beschichteten Pfanne leicht karamellisieren lassen und mit dem Wasser ablöschen. Die Zimtstange dazugeben und alles auf kleiner Flamme einkochen.
Im Kühlschrank auskühlen lassen.

Fertigstellung

Die marinierten Zwetschgen kreisrund auf den Tellern anrichten. Je eine Kugel Sauerklee-Eis in die Mitte setzen und mit Sauerklee garnieren.

Tipps

Für den Läuterzucker kochen Sie Zucker und Wasser im Verhältnis 1:1 auf.
Falls Sie keinen Kanzi-Apfel bekommen, können Sie eine andere fruchtig-saure Sorte verwenden.
Pürieren Sie den Sauerklee bei mittlerer Geschwindigkeit, damit er nicht bitter wird und seine schöne grüne Farbe verliert.
Achten Sie darauf, dass die Zwetschgen nicht zu reif sind.

Soufflierter Mohn-Apfel-Schmarren

August bis März

Zutaten
100 g Topfen (Quark)
150 g Zucker
300 g Milch
100 g Mehl
6 Eigelb
50 g Mohn, gemahlen
10 Eiweiß
1 Prise Salz
200 g Apfelspalten
Staubzucker (Puderzucker)

Zubereitung

Den Topfen mit 50 g Zucker, Milch, Mehl und Eigelb gut vermengen, eventuell durch ein feines Sieb passieren. Den Mohn unter die Topfenmasse rühren. Das Eiweiß mit Salz und dem restlichen Zucker steif schlagen und vorsichtig unter die Topfenmasse heben. In eine ausgebutterte und mit Mehl ausgestreute Pfanne füllen und mit den Apfelspalten belegen. Im vorgeheizten Backofen bei 180 Grad 15–20 Minuten backen, bis die Oberfläche goldbraun ist. Mit Staubzucker bestreuen.

Weintrauben

Als Zehnjähriger habe ich mich als Hüterbub bei einem Pusterer Bauern verdingt. Eines Tages war eine der Töchter des Hauses – verheiratet im fernen Südtiroler Unterland – zu Besuch bei den Eltern und hatte Weintrauben mitgebracht. Für mich, der ich bis dahin von Kartoffeln wusste, von Weißen Rüben und von Kürbissen, war der Biss in diese saftigen, süßen, dunkelblauen Beeren die Begegnung mit einer bisher völlig unbekannten Sinnlichkeit. Heute lebe ich selbst in dieser Rebenlandschaft und es ist für mich immer noch etwas Besonderes, wenn die ersten heimischen Trauben des Jahres angeboten werden. (H. H.)

Gelierte Traubensuppe mit Ziegenkäse und sauren Sultaninen

August bis Oktober

Für die gelierte Traubensuppe
400 g Traubensaft
40 g Zucker
2 g Agar-Agar

Für den Ziegenkäse
10 g Sahne
200 g Ziegenfrischkäse
10 g Zucker
40 g flüssige Butter
20 g Staubzucker (Puderzucker)
1 Blatt Filoteig

Für die sauren Sultaninen
50 g Sultaninen
20 g Zitronensaft
5 g Zucker
40 g Wasser

Zum Anrichten
200 g blaue und weiße Trauben, klein geschnitten und entkernt
Minze

Zubereitung

Den Traubensaft mit Zucker und Agar-Agar verrühren, aufkochen und etwa 2 Minuten köcheln lassen. In eine Schüssel füllen und im Kühlschrank gelieren lassen.
Die Sahne steif schlagen. Den Ziegenfrischkäse mit Zucker verrühren und die Sahne locker unterheben. Kühl stellen.
Die Sultaninen mit Zitronensaft, Zucker und Wasser vermischen und abgedeckt mindestens 30 Minuten ziehen lassen.
Aus dem Filoteig 8 gleich große Quadrate (8 x 8 cm) schneiden. Die flüssige Butter mit Staubzucker vermischen und die Teigblätter damit bestreichen. Je 2 Teigblätter übereinanderlegen und so in ausgebutterte Muffin-Förmchen legen, dass kleine Körbchen entstehen. Im vorgeheizten Backofen bei 160 Grad in etwa 6 Minuten goldbraun backen, auskühlen lassen und mit Ziegenfrischkäse füllen.

Fertigstellung

Einen Teil der klein geschnittenen Trauben in die Mitte der tiefen Teller geben und je ein Ziegenkäse-Filoteig-Körbchen daraufsetzen. Die gelierte Traubensuppe mit einem Schneebesen durchrühren und angießen. Mit den restlichen Trauben, Sultaninen und Minze garnieren.

Tipp

Sie können die Sultaninen auch am Vorabend einlegen und im Kühlschrank ziehen lassen.

Mit Kastanienmousse gefüllte Hippe auf karamellisierten Apfelscheiben

Herbst

Für die Kastanienmousse
170 g Kastanien, gekocht
125 g weiße Schokolade
1 Eigelb
1 Ei
200 g Sahne

Für die Hippen
3 Bio-Orangen
110 g Butter
300 g Zucker
110 g Mandeln, gemahlen
110 g Mehl

Für die karamellisierten Apfelscheiben
1 großer Apfel (z. B. Kanzi)
40 g Butter
80 g Zucker
200 g Apfelsaft

Zum Anrichten
Minze
Staubzucker (Puderzucker)

Zubereitung

Die gekochten Kastanien durch ein Haarsieb passieren und die Schokolade schmelzen. Eigelb und Ei über dem Wasserbad schaumig aufschlagen. Schokolade und Kastanien unterrühren. Die Sahne steif schlagen und vorsichtig unterheben. Im Kühlschrank 1 Stunde ruhen lassen.
Die Orangenschale fein abreiben. Zwei Orangen auspressen und den Saft durch ein Sieb gießen. Die Butter schmelzen und abkühlen lassen. Orangenschale, -saft, Zucker, Mandeln, Mehl und die abgekühlte Butter verrühren. Den Teig im Kühlschrank 12 Stunden ruhen lassen. Das Backblech leicht einölen. Etwas Teig in die Mitte einer Schablone (Ø ca. 10 cm) geben, vorsichtig ausstreichen. Die Schablone abheben und mit dem restlichen Teig auf diese Weise weiterverfahren.
Im vorgeheizten Backofen bei 180 Grad backen, bis sich die Hippen leicht goldbraun färben. Kurz abkühlen lassen und mit einem Rundholz zu Hohlhippen formen.
Den Apfel waschen, das Kernhaus entfernen und in Scheiben schneiden. Die 4 größten Scheiben schälen und mit Butter und Zucker leicht karamellisieren lassen. Mit Apfelsaft ablöschen und die Flüssigkeit nach Belieben einkochen lassen. Die restlichen Apfelscheiben in kleine Würfel schneiden.

Fertigstellung

Die Kastanienmousse in einen Spritzbeutel füllen und in die Hohlhippen spritzen. Die Apfelscheiben in die Tellermitte legen und die Hippe daraufsetzen. Mit Apfelwürfeln, Saft, Minze und Staubzucker garnieren.

Soufflierter Kastanienschmarren mit Preiselbeerkompott

Oktober bis Dezember

Zutaten
500 g Kastanien, gekocht
4 Eier
8 Eiweiß
100 g Zucker
1 Prise Salz
200 g Preiselbeerkompott (siehe Tipp)

Zubereitung

Die Kastanien durch ein Sieb passieren und mit den Eiern glatt rühren. Das Eiweiß mit Zucker und Salz steif schlagen und vorsichtig unter die Kastanien-Eier-Masse heben. In eine ausgebutterte und mit Mehl ausgestreute Pfanne geben. Das Preiselbeerkompott darauf verteilen und im vorgeheizten Backofen bei 180 Grad 8–12 Minuten garen, bis die Oberfläche goldbraun ist.

Preiselbeerkompott

Zutaten
1 kg Preiselbeeren
250 g Gelierzucker (1:1)
250 g Zucker

Zubereitung

Preiselbeeren, Gelierzucker und Zucker in eine Küchenmaschine geben und mit dem Schneebesen etwa 1 Stunde auf der langsamsten Stufe rühren, bis sich der Zucker vollständig aufgelöst hat und das Kompott dickflüssig ist.

Tipp

Das kalt gerührte Preiselbeerkompott hält gut verschlossen im Kühlschrank mehrere Wochen.

Mandelcreme mit Preiselbeeren und Quitte

September bis November

Zutaten
320 g Mandelblätter oder -stifte
60 g Staubzucker (Puderzucker)
480 g Wasser
1 Quitte
100 g Läuterzucker (siehe Tipp Seite 170)
250 g grobe Preiselbeermarmelade
1 g Agar-Agar
Sauerklee

Zubereitung

Die Mandeln mit Staubzucker vermischen und in einer beschichteten Pfanne leicht rösten. Das Wasser aufkochen, die gerösteten Mandeln zugeben und einige Minuten köcheln lassen. Noch heiß im Mixer fein pürieren. Die Creme in Schälchen füllen und auskühlen lassen.
Die Quitte schälen, 8 dünne Scheiben abschneiden und in Läuterzucker bissfest kochen. Das restliche Fruchtfleisch in kleine Würfel schneiden und in einer beschichteten Pfanne trocken rösten, mit etwas Läuterzucker ablöschen und in der Flüssigkeit auskühlen lassen.
Die Preiselbeermarmelade mit etwas Wasser aufkochen, durch ein Sieb gießen und den Saft auffangen. 100 g Preiselbeersaft mit Agar-Agar aufkochen. Kurz köcheln lassen, in eine flache Form gießen und auskühlen lassen.

Fertigstellung

Den restlichen Preiselbeersaft auf die Mandelcreme gießen, sodass sie bedeckt ist. Quittenscheiben, Preiselbeergelee und Preiselbeeren daraufgeben. Quittenwürfel zu Nocken formen und daneben anrichten. Mit Sauerklee garnieren.

Tipps

Je stärker Sie die Mandeln rösten, desto dunkler wird die Mandelcreme.
Sollte die Mandelcreme zu fest sein, können Sie beim Mixen noch etwas Wasser zufügen. Ist die Creme zu flüssig, geben Sie geröstete Mandeln dazu.

Eingelegtes

Ich mag eingelegtes saures Gemüse sehr. Es hat einen angenehmen Geschmack, ist knackig und farbenfroh. Und es gibt wohl kaum eine andere Zubereitungsart, die auf so einfache Weise prägnante Akzente auf den Teller zu bringen vermag. Ich serviere eingelegtes Gemüse gerne zum Aperitif oder peppe damit belegte Brote auf, die auf diese Weise Frische und Charakter bekommen. (D. H.)

Eingelegte Kräuterseitlinge

Zutaten
3 Kräuterseitlinge
20 g Olivenöl
Salz
1 Zwiebel, fein geschnitten
1 Rosmarinzweig
1 Lorbeerblatt
150 g Weißwein
50 g Wasser
60 g Apfelessig
7 g Zucker

Zubereitung
Die Pilze mit einem feuchten Tuch abreiben, in etwa 2 mm dicke Scheiben schneiden und in Olivenöl scharf anbraten. Salzen, aus der Pfanne nehmen und in ein Twist-off-Glas füllen. In derselben Pfanne die Zwiebel mit Rosmarin und Lorbeerblatt farblos anschwitzen und mit dem Weißwein ablöschen. Wasser, Apfelessig und Zucker dazugeben und kräftig mit Salz abschmecken. Den heißen Sud über die Pilze gießen und das Glas sofort verschließen.

Tipp
Die eingelegten Kräuterseitlinge halten kühl und dunkel gelagert ungefähr 2 Monate.

Eingelegte Radieschen

Zutaten
16–20 Radieschen (je nach Größe)
200 g Wasser
20 g Zucker
60 g Apfelessig
Salz

Zubereitung
Die Radieschen waschen, in Spalten schneiden und in ein Twist-off-Glas schichten. Das Wasser zusammen mit Zucker und Apfelessig aufkochen und kräftig mit Salz abschmecken. Den heißen Sud über die Radieschen gießen und das Glas sofort verschließen. Über Nacht im Kühlschrank ziehen lassen.

Tipp
Die Marinade sollte süß-sauer schmecken. Wenn nicht, geben Sie noch etwas Essig oder Zucker dazu.

Eingelegte rote Zwiebeln

Zutaten
2 rote Zwiebeln
150 g Weißwein
200 g Wasser
40 g Apfelessig
20 g Zucker
Salz
Olivenöl

Zubereitung

Die Zwiebeln schälen und in feine Streifen schneiden. Die Zwiebelschalen mit dem Weißwein so lange kochen, bis sich der Wein rot färbt. Die Schalen entfernen und den Sud auf ungefähr ein Drittel einkochen lassen. Wasser, Apfelessig und Zucker dazugeben und kräftig mit Salz abschmecken. Die Zwiebelstreifen in Olivenöl farblos anschwitzen, mit dem Sud ablöschen und kurz aufkochen lassen. In ein Twist-off-Glas füllen, verschließen und auskühlen lassen.

Tipp

Verwenden Sie am besten rote Zwiebeln aus Tropea (Cipolle rosse di Tropea). Sie schmecken leicht süßlich und sind sehr gut verdaulich.

Eingelegte Rohnen

Zutaten
1 kg Rohnen (Rote Bete)
1 Zwiebel
Olivenöl
8 g Koriandersamen
3 g Anis
4 g Fenchelsamen
2 Lorbeerblätter
12 g Kümmel
200 g Weißwein
750 g Apfelsaft
130 g Apfelessig
Salz

Zubereitung

Die Rohnen gründlich waschen und in Salzwasser je nach Größe 45–60 Minuten garen. Die Zwiebel in feine Streifen schneiden und in Olivenöl farblos anschwitzen. Koriander, Anis, Fenchel, Lorbeerblätter und Kümmel dazugeben und kurz mitrösten. Mit Weißwein ablöschen und den Sud auf ein Viertel einkochen lassen. Den Apfelsaft zugeben und 1 Stunde köcheln lassen. Zwiebel und Gewürze entfernen, den Apfelessig zufügen und den Sud kräftig mit Salz würzen.
Die Rohnen noch warm schälen, in Scheiben schneiden und in Twist-off-Gläser füllen. Mit dem heißen Sud übergießen, verschließen, über Nacht im Kühlschrank auskühlen lassen.

Eingelegte kleine Zwiebeln

Zutaten
5–10 kleine Zwiebeln (je nach Größe)
40 g Zucker
220 g Wasser
Salz
20 g Butter
Thymian
2 Lorbeerblätter
60 g Balsamico

Zubereitung

Die Zwiebeln schälen und quer halbieren. Den Zucker und 20 g Wasser in einen Topf geben und erhitzen, bis der Zucker karamellisiert. Die Zwiebelhälften zugeben und rundherum karamellisieren lassen. Mit Salz würzen. Butter, Thymian und Lorbeerblätter dazugeben und mit Balsamico ablöschen.
Mit dem restlichen Wasser aufgießen. Zugedeckt ungefähr 30 Minuten köcheln lassen. Eventuell noch etwas Wasser nachgießen. Heiß in ein Twist-off-Glas füllen, verschließen und auskühlen lassen.

Tipps

Geben Sie die Zwiebeln am besten zuerst mit der Schnittfläche in den Topf. Wenn diese Seite karamellisiert ist, drehen Sie die Zwiebeln um.
Sollte etwas Zucker kristallisieren, rühren Sie ihn einfach wieder unter, bis er sich auflöst.

Dips/Saucen

Artischocken-Kartoffel-Mayonnaise

Passt zu Brat- und Salzkartoffeln sowie Grillgemüse

Zutaten
2 Artischocken
Mehl
Sonnenblumenöl
50 g Milch
1 Eigelb
1 TL Senf
Salz
Zitronensaft
160 g neutrales Pflanzenöl
1 Kartoffel, gekocht
Zitronenthymian

Zubereitung

Die äußeren Blätter der Artischocken großzügig entfernen, das obere Drittel und den Stiel abschneiden und das Heu mit einem Parisienne-Ausstecher herauskratzen. Die Artischocken in hauchdünne Streifen schneiden, in Mehl wenden und im 160 Grad heißen Sonnenblumenöl frittieren. Herausnehmen und auf Küchenpapier entfetten. Noch heiß mit der Milch im Mixer pürieren und auskühlen lassen. Eigelb und Senf dazugeben und mit dem Schneebesen aufschlagen. Mit Salz und Zitronensaft würzen. Das Pflanzenöl nach und nach fadenweise einlaufen lassen und mit dem Schneebesen weiterschlagen, bis die Mayonnaise eine cremige Konsistenz bekommt. Eventuell noch einmal mit Salz und Zitronensaft abschmecken. Die gekochte Kartoffel schälen, in feine Würfel schneiden und unter die Mayonnaise heben. Mit Zitronenthymian bestreuen.

Tipp

Sie können die Mayonnaise auch mit einem Pürierstab zubereiten. Füllen Sie dazu die Artischocken-Milch-Mischung, Eigelb, Senf, Salz und Zitronensaft in einen hohen schmalen Mixbehälter, in den der Pürierstab gerade so hineinpasst. Mit etwas Öl bedecken und den Pürierstab auf den Boden des Gefäßes stellen. Den Pürierstab auf höchster Stufe so lange auf dem Boden des Gefäßes lassen, bis sich die Zutaten zu einer hellen, cremigen Masse verbinden. Nach und nach das restliche Öl zugießen und den Pürierstab dabei langsam nach oben ziehen. Achten Sie bei dieser Zubereitungsart darauf, dass alle Zutaten Zimmertemperatur haben.

Grüner Peperoni-Joghurt

Passt zu Salaten mit Karotten, Eisbergsalat, Gurken, Tomaten oder Stangensellerie

Zutaten
100 g rote Peperoni (Paprika)
100 g grüne Peperoni (Paprika)
250 g Naturjoghurt
Zitronensaft
Petersilie, fein geschnitten

Zubereitung

Die Peperoni waschen und entkernen. Die rote in feine Würfel schneiden und beiseitestellen. Die grüne in grobe Stücke schneiden und zusammen mit 1 Esslöffel Naturjoghurt im Mixer pürieren. Durch ein feines Sieb streichen und mit etwas Zitronensaft abschmecken. Mit dem restlichen Joghurt und Petersilie verrühren und mit den Peperoniwürfeln bestreuen.

Tipp

Sie sollten den Joghurt nicht oder nur sehr wenig salzen, da er sonst schnell an Frische verliert.

Apfel-Senfsaat-Mayonnaise

Passt zu gebackenem und paniertem Gemüse, z. B. Knollensellerie, Zucchini oder Karotten

Zutaten
90 g Senfsaat
1 Apfel
1 Eigelb
15 g Wasser
8 g Apfelessig
100 g neutrales Pflanzenöl
Salz

Zubereitung

Die Senfsaat in reichlich Wasser 30 Minuten kochen, abseihen und auskühlen lassen. Den Apfel waschen, entkernen und in feine Würfel schneiden. 60 g Senfsaat, Eigelb, Wasser und Apfelessig im Mixer pürieren. Das Pflanzenöl langsam in den Mixer einlaufen lassen und alles zu einer cremigen Mayonnaise verrühren. Mit Salz würzen. Die Apfelwürfel und die restliche Senfsaat unterrühren und die Mayonnaise im Kühlschrank 1 Stunde durchziehen lassen.

Schnittlauchmayonnaise

Passt zu Salaten mit Kartoffeln, Topinambur oder Knollensellerie

Für das Schnittlauchöl
30 g Schnittlauch
10 g Petersilie
200 g Traubenkernöl

Für die Mayonnaise
1 Eigelb
30 g Milch
1 TL Senf
Salz
Zitronensaft

Zum Anrichten
1 EL Schnittlauch, fein geschnitten

Zubereitung

Schnittlauch, Petersilie und Traubenkernöl im Mixer fein pürieren, durch ein Teesieb gießen und in ein kleines Glas füllen.
Eigelb, Milch und Senf in einer Schüssel mit dem Schneebesen aufschlagen. Stetig weiterschlagen und das Schnittlauchöl fadenweise dazugeben. Kurz bevor die Mayonnaise die gewünschte cremige Konsistenz hat, mit Salz und Zitronensaft abschmecken. Vor dem Servieren den Schnittlauch unterheben.

Tipps

Sie können das Traubenkernöl auch durch ein anderes neutrales Pflanzenöl ersetzen.
Das Schnittlauchöl hält verschlossen im Kühlschrank (bei 5–7 Grad) einige Tage.

Grundrezepte

Gemüsefond

Zutaten
1 Karotte
1 mittelgroße Zwiebel
½ Selleriestange
½ Knollensellerie
1 Knoblauchzehe
2 Stängel Petersilie
1 Lorbeerblatt
5 Basilikumblätter
2 l Wasser

Zubereitung
Alle Zutaten waschen, eventuell schälen, grob zerkleinern und in einen Topf geben. Etwa 2 Stunden köcheln lassen, durch ein Sieb gießen und bis zur weiteren Verwendung warm halten.

Tipp
Sie können den Fond sehr gut in größeren Mengen zubereiten und portionsweise einfrieren.

Buttersauce

Zutaten
100 g Gemüsefond (siehe oben)
250 g kalte Butter, in Würfel geschnitten
Salz

Zubereitung
Den Gemüsefond aufkochen, vom Herd nehmen und die eiskalten Butterwürfel langsam einrühren, sodass die Sauce bindet. Mit Salz abschmecken.

Salatvinaigrette

Zutaten
60 g Apfelessig
180 g Olivenöl
Salz
Pfeffer

Zubereitung
Apfelessig, Olivenöl, Salz und Pfeffer gut verrühren.

Tipp
Sie können das Dressing gut auf Vorrat zubereiten, in ein Twist-off-Glas füllen und in den Kühlschrank (bei 5–7 Grad) stellen. Es hält dort etwa 1 Woche.

Geschmorte Zwiebeln

Zutaten
1 mittelgroße Zwiebel
50 g Butter
50 g Olivenöl

Zubereitung
Die Zwiebel schälen und in feine Würfel schneiden. Butter und Olivenöl in einem Topf erhitzen. Die Zwiebelwürfel dazugeben und farblos anschwitzen. Das Fett abgießen und die geschmorten Zwiebeln auskühlen lassen.

Tipp
Bereiten Sie am besten eine größere Menge zu. Die geschmorten Zwiebeln halten im Kühlschrank (bei 5–7 Grad) etwa 1 Woche und können zum Würzen sehr vieler Gerichte verwendet werden.

Geschmorte Datteltomaten

Zutaten
40 Datteltomaten
3 Knoblauchzehen
1 Thymianzweig
5 Basilikumblätter
Salz
1 EL Zucker
Olivenöl

Zubereitung
Die Datteltomaten mit einem Messer kreuzweise einritzen. In kochendem Wasser 3 Minuten blanchieren, in Eiswasser abschrecken und die Haut abziehen. Die Knoblauchzehen schälen und halbieren.
Die Datteltomaten auf ein Backblech legen und mit den restlichen Zutaten vermischen. Im vorgeheizten Backofen bei 130 Grad etwa 1 Stunde schmoren lassen.

Knoblauchöl

Zutaten
30 g Knoblauch
250 g Sonnenblumenöl

Zubereitung
Den Knoblauch schälen, zusammen mit dem Öl in einen Mixbecher geben und aufmixen.

Tipp
Das Knoblauchöl hält ungefähr 1 Woche im Kühlschrank (bei 5–7 Grad).

Tomatensauce

Zutaten
2 kg Tomaten
150 g Zwiebeln
100 g Olivenöl
3 EL Knoblauchöl
10 Basilikumblätter
Salz

Zubereitung
Die Tomaten schälen, entkernen und klein schneiden. Die Zwiebeln in kleine Würfel schneiden und in Olivenöl farblos anschwitzen. Mit Salz abschmecken. Knoblauchöl und Basilikum zufügen und etwa 1 Stunde köcheln lassen.

Weißer Nudelteig

Zutaten
200 g Mehl
50 g Hartweizenmehl (Farina di Grano duro)
8 Eigelb
1 EL Olivenöl
5 g Salz

Zubereitung
Die beiden Mehlsorten auf eine Arbeitsplatte sieben. Eine Mulde in die Mitte drücken, Eigelb, Olivenöl und Salz hineingeben und das Mehl kreisförmig von innen einrühren. Den Teig ungefähr 10 Minuten kneten, in Klarsichtfolie wickeln und im Kühlschrank 2–3 Stunden ruhen lassen.

Tipp
Sie können den Teig auch mit der Küchenmaschine zubereiten. Geben Sie dazu einfach alle Zutaten in die Maschine und lassen sie dort gut durchkneten.

Register

DANIEL HINTNER

Herbert Hintner,
geboren 1957 in Gsies/Südtirol. Seit 1995 durchgehend Träger eines Michelin-Sterns; Ehrenpräsident der Jeunes Restaurateurs d'Europe. 2008 „Premio Luigi Veronelli" für sein Lebenswerk. Sein Buch *Meine Südtiroler Küche* wurde bei der Verleihung der „Gourmand World Cookbook Awards" als „Best Mediterranean Cuisine Book of the World" ausgezeichnet.

Daniel Hintner,
geboren 1988 in Bozen. Nach Stationen im Ausland kocht er seit 2017 an der Seite seines Vaters im familieneigenen Sternerestaurant Zur Rose in Eppan, das regelmäßig Spitzenbewertungen in Restaurantguides wie „Gault Millau", „Gambero Rosso", „Espresso" und „Veronelli" erhält.

Frieder Blickle,
geboren 1956 in Oberschwaben, seit 1980 Fotoreporter. Arbeitet als freier Fotograf für Unternehmen, Medien und Tourismusorganisationen. Bei Folio: Fotos für fünf Kochbücher.

Bildnachweis
Sämtliche Fotos stammen von Frieder Blickle.
S. 27 u. l.: laif / Frieder Blickle; S. 27 o. l., u. l., S. 167, S. 175 o., S. 180 u., S. 181 o., u.: IDM Südtirol – Alto Adige / Frieder Blickle

1. Auflage 2021

Lektorat: Kathrin Kötz
Korrektur: Joe Rabl
Grafik und Umbruch: no.parking, Vicenza
Druckvorstufe: Typoplus, Frangart
Printed in Europe
ISBN 978-3-85256-842-3
www.folioverlag.com